中国社科研究文库
CHINESE SOCIAL SCIENCE RESEARCH LIBRARY

重复知盲效应研究

——以汉语发展性阅读障碍儿童为视角

陈翠翠 | 著

中国社会出版社
国家一级出版社 · 全国百佳图书出版单位

图书在版编目（CIP）数据

重复知盲效应研究：以汉语发展性阅读障碍儿童为视角 / 陈翠翠著. -- 北京：中国社会出版社，2021.6

ISBN 978-7-5087-6572-3

Ⅰ.①重… Ⅱ.①陈… Ⅲ.①儿童—学习障碍—研究 Ⅳ.①G442

中国版本图书馆 CIP 数据核字（2021）第 113510 号

书　　名：重复知盲效应研究——以汉语发展性阅读障碍儿童为视角
著　　者：陈翠翠

出 版 人：浦善新
终 审 人：王　前
责任编辑：陈贵红

出版发行：中国社会出版社　　　**邮政编码**：100032
通联方式：北京市西城区二龙路甲 33 号
电　　话：编辑部：（010）58124828
　　　　　邮购部：（010）58124848
　　　　　销售部：（010）58124845
　　　　　传　真：（010）58124856
网　　址：shcbs.mca.gov.cn
经　　销：各地新华书店

中国社会出版社天猫旗舰店

印刷装订：三河市华东印刷有限公司
开　　本：170mm×240mm　1/16
印　　张：13.5
字　　数：142 千字
版　　次：2021 年 6 月第 1 版
印　　次：2021 年 6 月第 1 次印刷
定　　价：95.00 元

中国社会出版社微信公众号

序

重复知盲是指个体在快速序列视觉呈现（RSVP）任务中，往往对出现的重复刺激发生识别困难的现象。作为一种普遍存在的认知缺陷，重复知盲现象是考察人们认知加工过程的有效工具。目前，有关重复知盲的理论观点争议主要围绕两方面：一是针对它的发生阶段，即重复知盲产生在知觉阶段还是记忆阶段，或是知觉和记忆共同作用的结果；二是针对重复刺激认知加工失败的原因。以上观点虽都有各自实验结果的支持，但学界对此仍未达成一致。阅读障碍儿童是在阅读方面表现出明显缺陷的异质类群体，与普通儿童相比，他们除了存在语音等语言学方面的缺陷外，在知觉、记忆、注意等认知加工过程中也有不足，这些缺陷被研究者密切关注。研究表明，快速信息加工过程是了解阅读障碍儿童认知特点的一个重要窗口，但目前对阅读障碍儿童重复知盲的研究却极为罕见。

本书尝试在前人的研究基础上，设计了一系列相关实验，围绕阅读障碍儿童重复知盲的现象特征及发生机制这两大问题进行了探讨。

实验1通过操控刺激呈现时间及时间间隔，探究其对重复知盲的影响，考察了阅读障碍儿童重复知盲的现象及特征。结果发现，阅读障碍儿童和正常儿童一样都产生了重复知盲效应，且效应量随着刺激呈现时间及时间间隔的增长呈下降趋势；同一条件下，阅读障碍儿童重复知盲效应大于正常儿童，且重复知盲持续时间比正常儿童长。实验2通过操控目标刺激序列位置，探究其对重复知盲效应的影响，考察了阅读障碍儿童重复知盲的发生阶段。结果显示，阅读障碍儿童目标刺激序列两端位置的重复知盲效应大于中间位置，没有发生首因效应和末尾效应，重复知盲受知觉和记忆的共同作用。实验3考察了刺激的物理属性编码对重复知盲效应的影响，共有两个子实验。实验3a操控了目标刺激和非目标刺激颜色的一致性，实验3b操控了目标刺激间颜色的一致性。实验结果表明，阅读障碍儿童存在注意资源不足及自动注意资源分配的缺陷。实验4考察了刺激的类别属性编码对阅读障碍儿童重复知盲效应的影响，分为两个子实验。实验4a操控了目标刺激类别（数字、符号），实验4b操控了非目标刺激类别（数字、符号）。结果显示，正常儿童在数字条件下的重复知盲效应显著大于符号条件，阅读障碍儿童在数字和符号两种条件下的重复知盲效应差异不显著。实验结果表明，阅读障碍儿童的抑制缺陷发生在早期的知觉加工阶段，而正常儿童发生在更加高级的语义识别阶段，阅读障碍儿童存在抑制功能的缺陷。实验5通过设置不同的目标情绪词，考察语义编码对重复知盲效应的影响。结果显示，负性词条件下产生的重复知盲效应比中性词大，重复知盲可以发生在语义水平上。正常儿童在重复条件下，目标刺激为负性词时的正确率显著低于中性词；相同条件下，阅读障碍儿童在负性词和中性词两种条件下的正确率差异不显著。实验结果表明，阅读障碍儿童存在语义加工的明显缺陷。

以上实验结果表明，在相同条件下阅读障碍儿童比正常儿童产生了更大的重复知盲效应，且其持续时间比正常儿童更长；阅读障碍儿童重复知盲的发生是知觉和记忆共同作用的结果，他们在重复知盲发生中存在注意、抑制及语义加工的缺陷，竞争假设理论能更好地解释阅读障碍儿童重复知盲的发生，刺激编码效力不是影响重复知盲的唯一因素，个体的认知加工特点才是更为根本的原因。

本书一方面为阅读障碍儿童存在认知缺陷这一观点提供了实证支持，丰富了重复知盲在特殊人群中的应用；另一方面则创新性地补充了注意和抑制对重复知盲的影响，深化了重复知盲的竞争假设理论。

目　录
CONTENTS

第一章　重复知盲研究背景

第一节　发展性阅读障碍概述

一、发展性阅读障碍的定义

目前，学术界将阅读障碍主要分为两类：一类是个体由于后天脑损伤所导致的阅读困难，我们称之为获得性阅读障碍（acquired dyslexia, AD）①；另一类是个体不存在脑损伤、精神和智力障碍等器质性损伤，在平等的教育机会下仍表现出严重的阅读困难，导致字词识别的准确性和速度受到影响，进而使儿童的拼写和阅读理解受损伤的现象，被称为发展性阅读障碍（development dyslexia, DD）②。

---

① Coslett H B. Acquired dyslexia[J]. Seminars in neurology. 2000, 20(4): 419–426.

② Lyon G R, Shaywitz S E, Shaywitz B A. A definition of dyslexia[J]. Annals of dyslexia, 2003, 53(1): 1–14.

发展性阅读障碍最初源于1896年英格兰医生Morgan有关“先天性词盲”儿童的案例报告，如今它被公认为最常见的学习障碍之一，并且发生率有增长的趋势。据报道，发展性阅读障碍的发生率已从5%~10%上升到15%~20%①。它对个体的认知、情感及社会性发展等重要方面产生了不良影响，在漫长的一个多世纪的研究历史中，它逐渐成为语言学、心理学、特殊教育学、神经生理学等多门学科的研究热点。

国外对阅读障碍的研究主要基于英语，我国对阅读障碍的最初研究主要聚焦在汉语中是否存在发展性阅读障碍这一问题。早在1982年，Stevenson等人发现，日本、中国台湾和北美三地区的阅读障碍检出率不存在显著差异②。国内学者张承芬等人使用自编测试，通过不一致定义和低成就定义，分别发现阅读障碍儿童的检出率是7.96%和4.55%③。随后在短暂的30多年时间里，我国学者分别从阅读障碍的认知心理发生机制、表现特征及干预等方面作出了探索研究，并取得了可喜的成果。

本书中的研究对象为汉语发展性阅读障碍儿童，以下将“汉语发展性阅读障碍”简称为“阅读障碍”。

---

① Shaywitz S E. Overcoming Dyslexia[M]. New York: Random House Inc, 2003.

② Stevenson H W, Stigler J W, Lucker G W, et al. Reading disabilities: the case of Chinese, Japanese, and English[J]. Child development, 1982(53): 1164-1181.

③ 张承芬，张景焕，殷荣生，等. 关于我国学生汉语阅读困难的研究[J]. 心理科学，1996，19(4): 222-226.

二、发展性阅读障碍的诊断

由于对阅读障碍的界限及定义没有达成共识，目前对阅读障碍的诊断也未能形成统一标准。但概括来讲，发展性阅读障碍的诊断主要基于以下两种模型。

（一）差异模型

差异模型的最初理论假设来源于苏格兰眼科医生 Hinshelwood 的报告，他发现“词盲”的病因源于大脑损伤，而不是因为患者智力或者语言表达能力存在缺陷①。随后在 1968 年的世界神经学者联合会（the World Federation of Neurologists, WFN）上，“差异”成为阅读障碍诊断的主要因素，但会上并没有提出具有可操作性的具体标准②。在此后的实践中，研究者通常采用“智商—成绩差异”标准来检测阅读障碍，即排除由于智力低下所导致的阅读障碍者。其检测标准如下：根据阅读个体的智力情况推断其阅读潜能，如果个体的智商在正常范围或超过正常范围，但阅读成绩低于平均分时，那么就表明该个体的实际阅读能力低于智商对应的潜在阅读水平，该个体患有“阅读障碍”③。

但是，研究者发现差异模型有时会造成误诊：一方面，它将本不属于阅读障碍的个体纳入阅读障碍的群体中，如低年级儿童的阅

---

① Aaron P G. Dyslexia and hyperlexia[M]. Boston: Kluwer Academic Publishers, 1989.

② Snowling M J. Dyslexia[M]. Oxford: Blackwell Publishing Ltd, 2000.

③ Rathvon N. Early reading assessment: a practitioner's handbook[M]. New York: The Guilford Press, 2004.

读经验不足，智商和成绩的差异而被误诊①；另一方面，它排除了很多真正属于阅读障碍的个体，如智商和阅读能力都低于平均水平的个体②及阅读理解缺陷者③。除此之外，更重要的是研究者还发现差异模型检测无法为阅读障碍的干预提供针对性的指导④。尽管差异模型诊断存在诸多不足，但基于智力和阅读能力的相关性，以及它能为其他伴随性学习障碍的诊断提供依据的特点，所以在实际操作中差异模型仍被研究者广泛使用，同时世界卫生组织将它作为定义阅读障碍的主要依据。

通过文献研究发现，国内目前诊断儿童阅读障碍常用的智力测评工具有两个：一个是林传鼎和张厚粲主持修订的“韦氏儿童智力量表中国修订版”，另一个是张厚粲和王晓平主持修订的“瑞文标准推理测验中国城市修订版”。阅读能力的测评工具主要有静进修订的学习能力障碍儿童筛查量表、吴汉荣编制的阅读障碍量表及王孝玲等人编制的小学生识字量试题库及评价表等。

（二）成分模型

简单阅读观认为阅读过程包括单词识别能力和语言理解能力，

① Francis D J, Fletcher J M, Shaywitz B A, et al. Defining learning and language disabilities: conceptual and psychometric issues with the use of IQ tests[J]. Language, speech, and hearing services in schools, 1996, 27(2): 132 – 143.

② Gus S, Samuelsson S. Intelligence and dyslexia: Implications for diagnosis and intervention[J]. Scandinavian journal of psychology, 1999, 40(2): 127 – 134.

③ Nation K, Snowling M J. Individual differences in contextual facilitation: Evidence from dyslexia and poor reading comprehension[J]. Child development, 1998, 69(4): 996 – 1011.

④ Siegel L S. An evaluation of the discrepancy definition of dyslexia[J]. Journal of learning disabilities, 1992, 25(10): 618 – 629.

这两种能力的获得是阅读成功的关键，缺少任何一种或者两种都会使阅读障碍发生①。Aaron 等人提出阅读障碍具有异质特征，认为不同的病因会导致不同亚型的阅读障碍，成分模型为单词识别障碍、阅读理解障碍及普通认知障碍三种阅读障碍亚型的检测提供了依据，同时提出将对听力理解能力的检测纳入阅读障碍的鉴定程序中，利用听力理解所预测的阅读理解和实际阅读理解水平的差异诊断阅读障碍、判断其亚型②。我国学者白丽茹在前人基础上编制了符合成分模型检测及亚型鉴定的小学生"语篇阅读能力测验"和"语篇听力理解能力测验"，此标准以干预作为导向，从理论和实践两个方面对成分模型检测进行了可行性和有效性分析，弥补了采用单一差异模型的诸多弊端③。

三、发展性阅读障碍亚型

目前，对阅读障碍存在异质性的共识推动着研究者对阅读障碍亚型的探索，亚型的研究对阅读障碍儿童的早期干预有重大意义。目前对亚型的研究主要有两个分支。

一个是基于认知加工缺陷的研究。研究者通常运用一系列的语言和认知测验，采用类聚的方法归纳阅读障碍的缺陷类型。如 Morris 等人将阅读障碍分为语音意识缺陷、快速命名缺陷以及整体缺陷三

① Hoover W A, Gough P B. The simple view of reading[J]. Reading and writing, 1990, 2(2): 127 - 160.

② Aaron P G, Joshi M, Williams K A. Not all reading disabilities are alike[J]. Journal of learning disabilities, 1999, 32(2): 120 - 137.

③ 白丽茹. 阅读障碍检测及亚型鉴定新途径[M]. 天津：南开大学出版社，2017.

种亚型①，随后 Wolf 和 Bower 等学者也得出了同样的结论。Ho、Chan 等人以香港小学生为被试，确定了语音记忆缺陷、正字法缺陷、快速命名缺陷及轻微缺陷型②。熊建萍、闫国利在研究中得出了大致相同的结论，认为语音意识缺陷及正字法缺陷是阅读障碍的主要亚型，快速命名及语素意识缺陷是次要存在的③。吴思娜、舒华等人在北京小学生的样本中采用语言学及非语言学测验任务确定了 5 个阅读障碍亚型，分别是全缺陷型、全语言缺陷型、语素—语音—短时记忆缺陷型、语素—快速命名—短时记忆缺陷型及空间缺陷型④⑤。

另一分支则以阅读理论模型为依据对阅读障碍亚型进行了探索。影响力较大的是 Castle 和 Coltheart，他们根据单词识别的双通路模型将阅读障碍分为语音阅读障碍和表层阅读障碍：语音阅读障碍指字素—音位通路受损，儿童依赖正字法—语音通路来进行阅读；表层阅读障碍则相反，其正字法—语音通路受损，儿童依赖字素—音位通道进行阅读⑥。另一种深层阅读障碍由 Marshall 和 Newcombe 最先

① Morris R D, Stuebing K K, Fletcher J M, et al. Subtypes of reading disability: variability around a phonological core[J]. Journal of educational psychology, 1998, 90(3): 347.

② Ho C S H, Chan D W O, Lee S H, et al. Cognitive profiling and preliminary subtyping in Chinese developmental dyslexia[J]. Cognition, 2004, 91(1): 43 - 75.

③ 熊建萍，闫国利. 汉语发展性阅读障碍儿童的主要亚型分析[J]. 心理与行为研究，2014, 12(4): 496 - 500.

④ 吴思娜，舒华，王彧. 4 ~ 6 年级小学生发展性阅读障碍的异质性研究[J]. 心理发展与教育，2004, 20(3): 46 - 50.

⑤ 吴思娜. 汉语发展性阅读障碍亚型[D]. 博士学位论文，北京：北京师范大学，2004.

⑥ Castles A, Coltheart M. Varieties of developmental dyslexia[J]. Cognition, 1993, 47(2): 149 - 180.

提出，它指由于亚词汇和词汇两条通路都有损伤而导致阅读中语义、视觉及构词出现错误。除对大样本进行的研究外，国内的个案研究同样表明阅读障碍存在亚型，例如孟祥芝报告了汉语表层阅读障碍的个案①，栾辉、舒华则报告了汉语深层阅读障碍的个案②。

综上所述，我们发现国内外有关阅读障碍亚型的研究取得了较强的一致性，这说明阅读障碍亚型在不同的语言中具有普遍性。由于研究方法及筛选标准的不同，目前学界对亚型的具体分类仍然存在一些分歧，但这丝毫不影响学者们对阅读障碍亚型探究的热情。

四、阅读障碍的成因

阅读障碍对患病儿童的认知、情感及社会化造成的严重危害使它的成因一直是被关注的热点，它的研究对阅读障碍儿童的诊断及干预有重要的意义。迄今，相关研究在医学、语言学、心理学及特殊教育学等诸多领域已取得了丰富的成果，虽然观点存在差异，但这种差异进一步激发了学者们的研究热情。当前，对阅读障碍成因的研究主要涉及语言学领域和非语言学的认知领域两个方面。

（一）语言认知方面

1. 语音意识缺陷理论

语音意识是个体对语言中语音结构的觉知及操作发音的能力，

① 孟祥芝.汉语发展性阅读障碍儿童的汉字表征与加工[D].博士学位论文,北京:北京师范大学,2000.

② 栾辉,舒华.汉语发展性深层阅读障碍的个案研究[J].心理学报,2002,34(4):8-13.

它是语音加工技能的最重要的成分，对比口语及智商水平，语音意识能更好地预测儿童的认读水平①。语音意识缺陷理论认为，儿童是因为缺乏对语音成分的觉知和操作，从而不能成功地进行形－音转换，产生了阅读困难②。国外学者普遍认为阅读障碍儿童存在语音意识缺陷，西方拉丁语系属于拼音文字，语音意识缺陷对阅读会造成明显干扰。但是汉字属于表意文字，以表意特征为主，研究者曾一度认为在汉字使用者中，不存在语音意识缺陷，甚至不存在阅读障碍。但随着研究的深入，部分研究者在使用汉语的儿童中的确也检出了阅读障碍，并将其命名为"汉语发展性阅读障碍"。在对儿童汉语发展性阅读障碍成因的研究中，"语音意识缺陷"问题引起了学者们极大的兴趣，相关研究主要集中在"语音意识缺陷"是否存在、"语音意识缺陷"对汉语阅读障碍的影响程度两个方面。

Ho 等人对"汉语阅读障碍儿童同样存在语音意识缺陷"这一假设进行了验证，实验中以汉语阅读障碍儿童为被试，并设置年龄匹配组和阅读水平匹配组作为对照，结果发现阅读障碍组的语音记忆成绩显著低于年龄匹配组、阅读水平匹配组，说明汉语阅读障碍儿

---

① Wagner R K, Torgesen J K, Rashotte C A, et al. Changing relations between phonological processing abilities and world – level reading as children develop from beginning to skilled readers: a 5 – year longitudinal study [J]. Developmental psychology, 1997, 33 (3): 468 – 479.

② Swan D, Goswami U. Phonological awareness deficits in developmental dyslexia and the phonological representations hypothesis [J]. Journal of experimental child psychology, 1997, 66 (1): 18 – 41.

童存在语音意识的缺陷①。刘文理等研究提出，汉语阅读障碍儿童的认知加工缺陷是语音和快速命名的双重困难，在快速反应任务中，被试信息加工时间比较短，加工缺陷以快速命名为主，而在和记忆有关的任务中，语音意识缺陷明显，这与短时记忆的编码特征有关，短时记忆以语音编码为主，语音意识缺陷令短时记忆的编码出现困难②。另外，洪慧芳等人的研究结果也支持语音意识缺陷影响工作记忆加工的观点，和对照组相比，阅读障碍儿童工作记忆的内容明显存在更多错误。孟祥芝、舒华采用问卷调查和个案研究相结合的方法，对汉语阅读障碍儿童的文字信息加工过程进行了分析，结果表明，汉语阅读障碍儿童存在语音分析困难③。上述研究结果均能证明，汉语阅读障碍儿童的确存在语音意识缺陷。

对于汉语阅读障碍儿童而言，语音意识缺陷是否造成其阅读困难的主要原因呢？徐世勇、彭聃龄、薛贵等人在研究中设置了真假字判断和同音字判断两种任务，对比阅读障碍组和普通儿童组在两种任务中的表现可以发现，真假字判断任务中两组被试无显著差异，而同音字判断任务中汉语阅读障碍儿童的表现明显不如普通儿童，说明汉语阅读障碍儿童并不存在字形分辨的困难，而是以语音加工困难为主。但也有研究者认为汉语阅读障碍儿童存在多方面的认知

---

① Ho S H, Chan W O, Tsang S M, et al. The cognitive profile and multiple - deficit hypothesis in Chinese developmental dyslexia [J]. Developmental psychology, 2002, 38 (4): 543 - 553.

② 刘文理，伊廷伟，杨玉芳. 汉语语音型阅读障碍儿童的范畴知觉技能[J]. 心理发展与教育，2010，26(6)：569 - 576.

③ 孟祥芝，舒华. 汉语儿童阅读障碍研究[J]. 心理发展与教育，1999(4)：54 - 57.

加工缺陷，“语音意识缺陷”只是其中之一①。王晓辰、李清、邓赐平等人研究发现，汉语阅读障碍儿童的语音任务和正字法任务成绩均显著低于年龄匹配组，二者都是存在于汉语阅读障碍儿童中的主要困难②。宋华、张厚粲等人则提出语音意识缺陷影响的大小和被试年龄有关，在小学三年级以下的低龄儿童中，阅读困难主要是语音意识缺陷造成的，三至六年级的阅读则以字形加工为主，至初中阶段，语义加工成为主要的阅读任务③。研究结果表明，在阅读障碍中语音意识缺陷的作用没有在拼音文字中那样强④。

2. 正字法缺陷

正字法是关于文字使用的规范性法则。广义的正字法涵盖整个汉字体系，包括字形法、字体法、字音法和字义法；而狭义的正字法只关注字形。本书中提及的“正字法”指的是狭义的正字法。

将“汉语阅读障碍”和“正字法”作为关键词，在知网中进行联合搜索，发现相关研究文献并不多。有研究者（赵婧，等）要求汉语阅读障碍儿童及对照组同时完成假字—真字判断任务，结果两组被试均表现出明显的“正字法效应”⑤，组间差异不明显，说明汉

① 徐世勇，彭聃龄，薛贵，等. 汉语发展性阅读障碍儿童心理机制的初步研究[J]. 心理发展与教育，2001(4)：12－16，22.

② 王晓辰，李清，邓赐平. 汉语阅读障碍的语音加工及正字法加工缺陷的实验研究[J]. 心理科学，2014，37(4)：803－808.

③ 宋华，张厚粲，舒华. 在中文阅读中字音、字形的作用及其发展转换[J]. 心理学报，1995(2)：139－144.

④ Li Hai Tan, John A S, Guinevere F E, et al. Reading depends on writing, in Chinese [J]. PNAS. 2005, 102(24): 8781－8785.

⑤ 赵婧，毕鸿燕，杨炀. 汉语发展性阅读障碍儿童的快速命名与正字法加工技能[J]. 中国心理卫生杂志，2012，26(1)：36－40.

语阅读障碍儿童的主要困难并不是正字法缺陷。陈洪波等人在研究中以“部件组字”作为反应任务，发现29名汉语阅读障碍儿童中有10人存在正字法缺陷，占比34%①。但也有研究者得到了与之相反的结论。李清等人对比了汉语阅读障碍儿童和普通儿童在正反字判断和真假字判断任务中的反应时间和正确率，发现这两组数据均存在明显组间差异，这表明汉语阅读障碍儿童的正字法加工能力明显低于年龄匹配组②。

鉴于上述研究中得到的结果不一致，王晓辰、李清、邓赐平在研究中分析认为，汉语阅读障碍儿童存在不止一种认知缺陷，在不同的发展阶段，主要的困难类型会体现出差异性。此外，由于上述研究采用的实验材料和实验任务存在较大差异，客观上也造成了结果的不统一，无法直接进行比较。

3. 语素意识缺陷

汉字是形、音、义的结合体，除字形外还有读音和意义的结合体——语素。语素是汉语中音义结合的最小单位，字形和发音、字形和意义之间存在有规律的对应关系，但这种规律又不是一直产生作用的。语素的复杂性导致了汉字的读写均具有较大难度，这在很大程度上造成了汉语阅读障碍。

吴思娜等人以4~6年级的小学生为被试，对比汉语阅读障碍组

① 陈洪波，杨志伟，唐效兰. 汉语阅读障碍儿童的认知能力[J]. 中国心理卫生杂志，2001，16(1)：49-54.

② 李清，王晓辰. 语音加工抑或是正字法加工缺陷？——汉语阅读障碍的认知特点与缺陷[J]. 心理研究，2015，8(2)：32-39.

和对照组的语素、语音发展水平，结果发现，尽管汉语阅读障碍儿童存在语音加工方面的缺陷，但语素问题才是造成其阅读困难的主因①②。另一项关于汉语阅读障碍亚型的研究发现，语素障碍（对比语音、语义）检出率最高，普遍存在于各种亚型之中。但也有研究者得到了不同的结果。刘文理等发现，汉语阅读障碍儿童中有14%存在语素缺陷，整体占比较低③。彭虹等以3.5岁阅读障碍高危儿童为被试研究发现，存在语音缺陷的儿童数量明显大于存在语素缺陷的儿童数量④。鉴于语素缺陷研究并未形成统一结论，余雪等人对语素缺损的实质进行了考察，研究词汇透明度对真假词判断的启动效应，结果发现阅读障碍组不透明词和透明词产生的启动效应没有差异，说明阅读障碍儿童对存在语素和词汇之间的兴奋性通路，并推论汉语阅读障碍儿童的语素缺损属于规则使用能力的不足而非规则意识不足⑤。

4. 快速命名缺陷

快速命名技能是语言领域中个体加工速度的重要指标⑥。快速

---

① 吴思娜，舒华，王彧. 4~6年级小学生发展性阅读障碍的异质性研究[J]. 心理发展与教育，2004，20(3)：46－50.

② 吴思娜，舒华. 发展性阅读障碍亚型的研究[J]. 中国特殊教育，2007(4)：28－34.

③ 刘文理，刘翔平，张婧乔. 汉语发展性阅读障碍亚型的初步探讨[J]. 心理学报，2006(5)：681－693.

④ 彭虹，舒华. 发展性阅读障碍与早期语音训练[J]. 中国特殊教育，2007(1)：39－43.

⑤ 余雪，刘翔平，王硕，等. 汉语阅读障碍儿童语素意识缺损实质[J]. 心理与行为研究，2015，13(04)：506－510.

⑥ Wolf M. What time may tell: towards a new conceptualization of developmental dyslexia [J]. Annals of dyslexia, 1999, 49(1): 1－28.

命名缺陷是指个体对熟悉的视觉符号存在着明显的命名速度低下，其测试成绩通常比正常儿童低一个标准差①。对快速命名技能的测试常通过数字、字母、颜色和图片四种任务，要求被试快速而准确地作出反应。在双重障碍理论中，它独立于语音缺陷，被看作影响阅读障碍的重要因素。而在国内的研究表明，它和正字法缺陷是引起阅读障碍的主要因素②，已有研究发现阅读障碍儿童存在着明显的快速命名缺陷。Ho 等人对各语言方面缺陷的比例进行比较后发现，快速命名缺陷是阅读障碍儿童存在的主要缺陷类型③。赵婧等人也通过数字及图片任务发现，阅读障碍儿童存在明显的快速命名缺陷，其结果表现出了与阅读技能发展的一致性④。

快速命名和阅读水平存在关系密切，它能较好地预测阅读成绩⑤。薛锦等人使用回归分层法考察了快速命名对汉语阅读的影响。结果表明，快速命名对不同阅读能力组的快速阅读具有显著的预测作用，阅读障碍组的快速命名技能对汉字阅读的解释率贡献最大⑥。

---

① 孟祥芝，沙淑颖，周晓林．语音意识、快速命名与中文阅读[J]．心理科学，2004，27(6)：1326－1329．

② Ho C S，Chan D W，Lee S H，et al. Cognitive profiling and preliminary subtyping in Chinese developmental dyslexia[J]. Cognition，2004，91(1)：43－75．

③ Ho C S，Chan D W，Tsang S M，et al. The cognitive profile and multiple－deficit hypothesis in Chinese developmental dyslexia[J]. Developmental psychology，2002，38(4)：543．

④ 赵婧，毕鸿燕，杨炀．汉语发展性阅读障碍儿童的快速命名与正字法加工技能[J]．中国心理卫生杂志，2012，26(1)：36－40．

⑤ Meyer M S，Wood F B，Hart L A，et al. Longitudinal course of rapid naming in disabled and nondisabled readers[J]. Annals of dyslexia，1998，48(1)：91－114．

⑥ 薛锦，舒华．快速命名对汉语阅读的选择性预测作用[J]．心理发展与教育，2008，24(2)：97－101．

董琼等人在研究与阅读技能相关的认知缺陷时也发现了快速阅读缺陷对阅读的重要影响①。目前，关于快速命名缺陷的发生机制还存在争议，孟祥芝等人认为语音加工、发音速度及快速视觉符号识别是快速命名加工的重要认知成分，所以他们认为快速加工缺陷和语音缺陷是共同存在的，跟阅读障碍儿童本身存在的识别速度缺陷密切相关②，认同 Ramus 提出的“快速命名是一种技能的自动化缺陷”③ 这一观点。Silva 通过改进快速命名范式发现，阅读障碍成人的副中央凹预视效应比正常人小④，王雯以阅读障碍儿童为被试得出了同样的结论⑤。

此外，阅读障碍儿童的快速命名缺陷和他们的认知情绪存在着密切的关系。杨悦等人在研究中发现，阅读障碍儿童的负面情绪表现得越明显，在其数字快速命名中的速度越慢⑥。

综上，汉语阅读障碍儿童存在多种形态的语言认知加工缺陷，

---

① 董琼，李虹，伍新春，等. 汉语发展性阅读障碍儿童的阅读相关认知技能缺陷[J]. 中国临床心理学杂志，2012，20(6)：798－801.

② 孟祥芝，沙淑颖，周晓林. 语音意识、快速命名与中文阅读[J]. 心理科学，2004，27(6).

③ Ramus F, Rosen S, Dakin S C, et al. Theories of developmental dyslexia: insights from a multiple case study of dyslexic adults[J]. Brain, 2003, 126(4): 841－865.

④ Silva S, Faísca, Luís, et al. Too little or too much? Parafoveal preview benefits and parafoveal load costs in dyslexic adults[J]. Annals of dyslexia, 2016, 66(2): 187－201.

⑤ 王雯. 发展性阅读障碍儿童在完成快速命名任务副中央凹信息的作用[D]. 硕士学位论文，天津：天津师范大学，2017.

⑥ Yang Y, Liu M, Zhao J. Developmental changes of anxiety and depression in Chinese children with developmental dyslexia[J]. Advances in psychology, 2018, 8(9): 1388－1395.

包括语音、正字法、语素等缺陷，但哪种缺陷处于核心地位并未形成统一定论，有待未来进行更深入的探究。

（二）非语言认知方面

研究表明，语音等语言学方面的缺陷不能够完全解释阅读障碍的成因，越来越多的研究认为认知加工缺陷才是阅读障碍发生的更本质的原因①，语言学方面表现出的语音、语素、正字法、快速命名等缺陷只是阅读障碍的外在表现。因此，更深层次的认知加工缺陷成了学者们的研究热点。

1. 知觉加工缺陷

在非语言的认知影响因素中，最早得到关注的是阅读障碍儿童存在的视知觉加工缺陷。研究表明阅读障碍者存在基础感知加工障碍，其中影响最大的是巨细胞－背侧通路缺陷理论。该理论伴随着神经机制的研究得以迅速发展。研究表明，人类视觉神经系统存在巨细胞和小细胞两条传导通路，其中巨细胞通路对一致性运动、高时间分辨率刺激和低空间分辨率刺激敏感，而小细胞通路主要与颜色等细节编码有关②。巨细胞－背侧通路缺陷理论认为阅读障碍儿童存在巨细胞－背侧通路异常，巨细胞缺陷会导致阅读障碍儿童对快速呈现的视觉刺激不敏感，导致视觉快速加工能力差；而背侧通

---

① Goswami U. Sensory theories of developmental dyslexia: The challenges for research [J]. Nature reviews neuroseience, 2014, 16(1): 43－54.

② Mclean G M T, Stuart G W, Coltheart V, et al. Visual temporal processing in dyslexia and the magnocellular deficit theory: the need for speed? [J]. Journal of experimental psychology: human perception and performance, 2011, 37(6): 1957－1975.

路则可能与视觉的注意引导有关，背侧通路损伤会导致视觉空间注意加工能力缺陷①。巨细胞－背侧通路缺陷可能会导致阅读障碍儿童在正字法知识、单词解码等方面落后于同龄儿童，从而阅读能力受到影响。

肖茜等人采用轮廓幻影范式，为评估阅读障碍儿童的视觉加工能力，考察了他们在巨细胞和小细胞通路条件下的时间分辨率。结果发现：在小细胞情况下，阅读障碍儿童和正常儿童的视觉加工无显著差异；但在巨细胞通路条件下，阅读障碍儿童则表现出比年龄匹配组和阅读能力匹配组更低的时间分辨率，同时巨细胞通路条件下的时间分辨率还与阅读流畅性、语音意识显著相关，支持了阅读障碍儿童存在巨细胞缺陷的观点②。林欧采用经典的视觉质地辨别任务对阅读障碍儿童进行了测试和训练，研究结果表明，阅读障碍儿童在视觉通道上存在非典型的时间采样特征，对于连续、快速呈现的视觉刺激的时间分割所需要的时间长于正常儿童，证明了阅读障碍儿童在视觉加工中存在缺陷的观点③。艾锋使用无掩蔽的 TDT 任务对阅读障碍儿童的视觉通道加工进行了进一步的研究，发现在分离了时间采样的情况下，阅读障碍儿童对采样后微小的时间窗口内视觉刺激的快速加工也同样落后于正常对照组儿童，无论目标刺

① Pammer K, Vidyasagar T. Integration of the visual and auditory networks in dyslexia: a theoretical perspective[J]. Journal of research in reading, 2010, 28(3): 320－331.

② 肖茜，张逸玮，赵婧，等. 汉语发展性阅读障碍儿童的视觉快速加工能力[J]. 中国心理卫生杂志，2014，28(9): 679－684.

③ 林欧. 儿童质地辨别训练与汉语阅读发展[D]. 硕士学位论文，北京：北京大学，2013.

激是处于视野的中央还是边缘部分都取得了一致的结果，对该功能的训练同样改善了阅读障碍儿童的阅读流畅性。但与林欧等人的研究相比，该功能的训练并未对语音意识产生影响①。在视觉空间注意方面，田梦雨等人通过探测任务考察了不同视角呈现的刺激对阅读障碍儿童的影响。结果表明，阅读障碍儿童在加工较复杂的信息时表现出知觉加工的缺陷，但结果并没有显示阅读障碍儿童存在显著的空间注意扩散②。

除了视觉加工的缺陷，阅读障碍儿童在听觉加工中也表现出了明显的落后。研究表明，他们在任务中通常比正常儿童需要更长的时间来对刺激进行正确的分辨。Tallal 在研究中发现，阅读障碍儿童在较长的时间间隔下，和正常儿童的反应时不存在显著差异，但是在较短的时间间隔条件下，和正常儿童的差异则变得很显著③。Martino 等人通过改变声音的呈现时间及目标刺激的时间间隔发现，呈现时间的增长能提高阅读障碍儿童的成绩，但他们对时间间隔的敏感度不强④。

无论是视觉加工缺陷还是听觉加工缺陷，学者们认为可能有一个共同的内在因素在起作用。时间加工的缺陷认为，阅读障碍儿童

---

① 艾锋. 汉语发展性阅读障碍儿童的知觉学习训练[D]. 硕士学位论文,北京:北京大学,2015.

② 田梦雨,张熙,张逸玮,等. 汉语发展性阅读障碍儿童的不同视野注意能力[J]. 心理与行为研究,2016,14(3):289-297.

③ Tallal P. Auditory temporal perception, phonics, and reading disabilities in children [J]. Brain & language,1980,9(2):182-198.

④ Martino M S, Espesser R, Rey V, et al. The "temporal processing deficit" hypothesis in dyslexia: new experimental evidence[J]. Brain & cognition,2001,46(1):104-108.

不仅在一个知觉通道上存在对快速信息加工的缺陷，对时间的控制失败才是内在的发生机制①。该理论认为阅读障碍儿童在快速呈现的刺激加工上存在明显的落后②。Boets 等人通过纵向研究发现，分析学龄儿童在听觉方面时间加工的缺陷能很好地预测其在小学阶段的阅读障碍③。Nicolson 等人通过使用 PET 技术在研究中发现，小脑激活水平相对较低是阅读障碍存在时间加工缺陷的重要生理因素④。林欧等人采用传统经典知觉学习范式，通过简单视觉搜索、复杂视觉搜索和限时复杂视觉搜索任务测验发现，阅读障碍儿童在知觉负荷较大的情况下会表现出缺陷，他们无法及时有效地整合和转移视觉注意资源，特别是在时间有限的条件下需要对任务进行精细加工时，这种障碍就表现得更加突出，由此表明时间是影响阅读障碍儿童视觉加工缺陷的主要因素⑤。张曼莉等人在前人研究基础上，认为时间加工技能通过多通道影响阅读能力，通过视觉和听觉的时间

---

① Frith C, Frith U. A biological marker for dyslexia[J]. Nature, 1996, 382(6586): 19-20.

② Chiappe P, Stringer R, Siegel L S, et al. Why the timing deficit hypothesis does not explain reading disability in adults[J]. Reading & writing, 2002, 15(1/2): 73-107.

③ Boets B, Vandermosten M, Poelmans H, et al. Preschool impairments in auditory processing and speech perception uniquely predict future reading problems[J]. Research in developmental disabilities, 2011, 32(2): 560-570.

④ Nicolson R I, Fawcett A J, Berry E L, et al. Association of abnormal cerebellar activation with motor learning difficulties in dyslexic adults[J]. Lancet, 1999, 353(9165): 1662-1667.

⑤ 林欧，王正科，孟祥芝. 汉语发展性阅读障碍儿童的视知觉学习[J]. 心理学报，2013, 45(7): 762-772.

加工训练发现，知觉训练能有效提升阅读障碍儿童的成绩①。

2. 记忆缺陷

依据记忆内容的认知加工过程，心理学中将记忆分为感觉记忆、短时记忆和长时记忆三级记忆系统。对于阅读障碍儿童记忆缺陷的研究，也多从三级记忆系统的角度展开。由于感觉记忆和此前探讨的视知觉加工过程重合，因此不再赘述。

关于阅读障碍儿童短时记忆的缺陷研究较多，内容也较为深入。需要指出的是，短时记忆和工作记忆两个概念在很多语境中被混用。但是 Baddeley 和 Hitch 在 1974 年提出，短时记忆和工作记忆是有区别的两个概念：前者作为感觉记忆向长时记忆的过渡，侧重记忆内容的保持，具有容量有限的特征；后者同样是一个容量有限的加工系统，但更强调执行功能。Baddeley 等人认为，工作记忆包含了复杂的认知加工内容，可以分成语音环路（phonological loop）、视觉空间展板（visuo-spatial sketchpad）及中央执行系统（central executive）②，工作记忆可以涵盖短时记忆。因此，前人研究中对于短时记忆现象的探讨往往并不仅局限于短时记忆本身，同时还涉及了工作记忆的成分。也有研究者在实验中，对短时记忆和工作记忆采用不同的操作性定义，试图从任务类型上对两种记忆加以区分：通常来说，短时记忆任务是较为简单的再认或回忆任务，而工作记忆任

---

① Zhang M L, Meng X ZH, Zheng X B. The temporal processing deficit in Chinese children with developmental dyslexia: evidence from perceptual learning studies[J]. studies of psychology and behavioral, 2018, 16(5): 583 – 593, 623.

② Baddeley A J, Gundersen H J G, Cruz – Orive L M. Estimation of surfac area from vertical section[J]. Journal of microscopy, 1986, 142(3): 259 – 276.

务则包含了更加复杂的心理操作，例如倒序回忆任务。

阅读障碍儿童存在工作记忆缺陷是一个得到学界普遍认同的结论，研究者们采用不同的实验方法、实验材料对这一问题进行了论证。早在1998年，我国学者程灶火、龚耀先就曾以数字、汉字、符号、语段为实验材料，对不同亚型阅读障碍的儿童的工作记忆进行了比较研究，结果发现：在前三种材料的记忆任务中，阅读障碍儿童成绩显著低于对照组儿童，但是各亚型之间没有组间差异；而在语段记忆任务书中，数学学习障碍组成绩低于语文阅读障碍组，数学学习障碍组和普通被试组成绩比较则没有显著差异①。也有研究者在区分了短时记忆和工作记忆的情况下，对阅读障碍儿童的记忆缺陷进行了研究，如前文所述，此类研究中以简单的任务作为短时记忆任务，复杂的任务作为工作记忆任务，比较阅读障碍组和控制组在两类任务中的行为表现差异，结果发现，短时记忆任务中两组被试任务成绩无显著差异，而工作记忆任务中组间差异明显，控制组被试任务表现明显优于阅读障碍组②。我国学者薛锦使用汉字及数字的记忆测验发现，两种任务下普通儿童和阅读障碍儿童的记忆成绩均有随年级发展的趋势，并且各个年级阅读障碍者的短时记忆成绩都落后于普通儿童，这证明短时记忆的缺陷存在于记忆容量和提取效率两个方面③。刘艳等人在一篇综述性文章中提到：工作记

---

① 程灶火，龚耀先. 学习障碍儿童记忆的比较研究 I. 学习障碍儿童的短时记忆和工作记忆[J]. 中国临床心理学杂志，1998(3)：4－10.

② 刘翔平，刘希庆，徐先金. 阅读障碍儿童视觉记忆研究[J]. 中国临床心理学杂志，2004，6(3)：246－249.

③ 薛锦. 阅读困难者短时记忆缺陷原因探析[J]. 中国特殊教育，2010(4)：57－61.

忆的语音环路损伤是造成阅读障碍的主因，影响患儿的语句识别和理解；视觉空间展板影响正字法意识；中央执行系统的心理运算功能则影响了信息的编码效力和加工深度，进而对文字信息加工的全过程产生了影响①。

另外，对于阅读障碍儿童工作记忆的研究也可以细分为“言语工作记忆”和“视觉空间工作记忆”两个分支。言语工作记忆的研究采用传统的文字信息作为刺激材料，实验任务通常是回忆或再认；而视觉空间工作记忆的研究中多采用符号、图片等非文字信息，实验任务以排序、图形组合为主。谭珂等人研究发现，受语音意识和快速命名双重缺陷的影响，阅读障碍儿童在言语工作记忆方面表现出记忆容量不足、提取速度缓慢的特点②。近年来，对于阅读障碍儿童工作记忆的研究热点更多聚焦在视觉空间工作记忆领域，周路平比较了阅读障碍组和对照组被试在威斯康星卡片分类任务中的成绩差异，发现在多个指标的对比中阅读障碍儿童均处于明显劣势，说明阅读障碍儿童视觉空间工作记忆的确是存在明显缺陷的③。骆艳等人研究发现，在视觉矩阵和 Corsi 广度任务中，阅读障碍儿童组的得分明显低于正常儿童组，两项任务分数均与识字量和正字法意

① 刘艳，陶云，王晓曦，等. 发展性阅读障碍与工作记忆损伤研究进展[J]. 心理与行为研究，2015，13(6)：846－852.

② 谭珂，马杰，连坤予，等. 双重缺陷汉语发展性阅读障碍儿童的言语工作记忆和阅读能力研究[J]. 心理与行为研究，2018，16(3)：308－314，354.

③ 周路平. 发展性阅读障碍儿童视空间工作记忆特征[J]. 教育教学论坛，2018(43)：99－100.

识测试结果正相关①。但也有研究者（胡晓云，等）发现，阅读障碍儿童和普通儿童在言语工作记忆方面存在显著差异，而视觉空间工作记忆能力不存在差异②。

专门针对阅读障碍儿童长时记忆的研究数量相对较少。刘翔平等人以不再使用的古汉字作为刺激材料，设置了形音联结回忆任务和形意联结回忆任务，对比阅读障碍儿童和正常儿童长时记忆的差异，结果显示，无论是形音联结还是形意联结，阅读障碍组的回忆正确率均低于正常儿童组③。王斌等人关于一项针对阅读障碍儿童长时记忆的研究发现，正常儿童长时记忆测试成绩显著优于阅读障碍组④。

综上，阅读障碍儿童工作记忆、长时记忆均存在一定程度的缺陷。关于工作记忆部分的研究更为深刻透彻，关于长时记忆的研究成果相对较少。可能是因为前者是后者形成的前提和条件，在前期阶段的困难会直接迁移到下一个阶段，因此对工作记忆的研究具有更为重大的意义。

3. 注意

注意被视为一种重要的认知资源，参与整个认知活动过程。认

① 骆艳，王晶，吴汉荣. 汉语发展性阅读障碍儿童视空间工作记忆与语言认知相关性的研究[J]. 中国儿童保健杂志，2011，19(10)：881－883，886.

② 胡晓云，静进，范淼，等. 汉语发育性阅读障碍儿童语音与视空间记忆研究[J]. 中国当代儿科杂志，2018，20(4)：314－317.

③ 刘翔平，侯典牧，杨双，等. 阅读障碍儿童汉字认知特点研究[J]. 心理发展与教育，2004(2)：7－11.

④ 王斌，刘翔平，刘希庆，等. 阅读障碍儿童视觉长时记忆特点研究[J]. 中国特殊教育，2006(3)：69－73.

知加工的每一个过程都需要注意这种资源的参与，资源分配的多少直接决定着某一认知活动过程的效果。注意作为资源，存在有限性问题，即注意资源在某一时间点或时间段之内是有限的，如果某一些认知任务对注意资源要求过高，造成资源消耗过大，就会影响其他任务的绩效甚至直接导致其他任务无法完成。前人研究结果表明，注意资源在整体数量和其中的某项单一品质方面，均存在个体差异性。同时，不同被试群体之间也会表现出明显的注意品质差异①。如阅读障碍儿童和正常儿童相比，存在注意广度、注意转移及注意选择等多方面的缺陷。

在视觉注意广度的研究中，Bosse 提出视觉注意广度和语音缺陷无关，他在研究中将注意力转向一种独立的、可能导致阅读障碍的认知缺陷，此结果同时为阅读障碍儿童的异质性研究提供支持②。他在另一研究中发现，当控制了语音等因素后，阅读障碍儿童在注意广度任务中的成绩依然能预测阅读水平，结果证实了注意广度的缺陷是阅读障碍的重要因素③。这一观点得到学者们的反复论证，如 Lobier 等人将注意广度任务中的字母材料改为图形后发现，阅读

---

① 张曼华，杨凤池，张宏伟. 学习困难儿童注意力特点研究[J]. 中国学校卫生，2004，25(2)：202－203.

② Bosse M L，Marie J T，Valdois S. Developmental dyslexia：the visual attention span deficit hypothesis[J]. Cognition，2007，104(2)：198－230.

③ Bosse M L，Valdois S. Influence of the visual attention span on child reading performance：a cross－sectional study[J]. Journal of research in reading，2010，32(2)：230－253.

障碍儿童的注意广度缺陷依然存在，它是独立于语言因素存在的①。Ting 等人在研究中控制了年龄、智商、正字法和快速命名技能后发现，视觉注意广度能显著预测汉语阅读的准确性和流畅性，这表明视觉注意不足和汉语发展性阅读有密切的关系，注意广度对阅读的影响在一定程度上超过了阅读技能的影响②。目前国内相关研究较少，刘涵隆、赵婧在研究中比较了阅读障碍儿童和正常儿童的注意广度差异，结果发现，阅读障碍儿童存在注意广度缺陷，并且随着年龄的增长，和普通儿童的差距日益加大。同时，注意广度可以预测阅读障碍儿童的阅读流畅度，但在普通儿童身上二者相关性较低③。在神经机制方面的研究表明，阅读障碍儿童存在的注意广度缺陷和大脑两个半球的功能密切相关，他们的左侧大脑两半球存在一定程度的激活困难，并且左右大脑相关功能的协调性较差④。

阅读障碍儿童在注意转换方面的研究主要从听觉和视觉两个通道展开，同时涉及了时间和空间的维度。刘议泽等人采用听觉注意瞬脱任务，考察了阅读障碍儿童注意转换的特点，研究发现，阅读障碍儿童注意转换时间为 800 毫秒，落后于普通儿童 200 毫秒，组

---

① Lobier M, Zoubrinetzky R, Valdois S. The visual attention span deficit in dyslexia is visual and not verbal[J]. Cortex, 2012, 48(6): 768 – 773.

② Ting C N, Mo Z, Suk – Han H C. Examining the visual attention span deficit hypothesis in Chinese developmental dyslexia[J]. Reading and writing, 2019, 32(3): 639 – 662.

③ 刘涵隆，赵婧. 汉语发展性阅读障碍儿童视觉注意广度的发展及其对阅读流畅性的作用[J]. 心理发展与教育，2018，34(5)：533 – 540.

④ 段建平，董燕. 汉语儿童英语阅读障碍者大脑两半球功能特征的变化[J]. 中国康复，2007，22(1)：23 – 25.

间差异显著，这表明阅读障碍儿童需要更长的注意转换时间①。此外，有研究者对阅读障碍儿童视觉注意转换特征进行了研究。戴莉等采用经典的视觉空间转换任务，比对了普通儿童和阅读障碍儿童空间注意转换能力的差异，结果发现当刺激出现在左视野时，阅读障碍儿童表现出明显延迟，而刺激出现在右视野时差异不明显，此结果说明阅读障碍儿童的注意转换延迟问题和右脑皮层的功能障碍有关②。国外学者也普遍认同阅读障碍儿童存在空间注意转换方面的困难这一观点③。Facoetti 等人提出了一种与右侧大脑皮质顶叶功能障碍相关的选择性空间注意缺陷，他们使用视觉聚焦任务考察了阅读障碍儿童和正常儿童的视觉注意梯度，结果表明，正常儿童的注意力呈正态分布，但是阅读障碍儿童表现出了异常的不对称分布，只有刺激投射到左侧视野时目标偏向才会影响反应时间，而在右侧中则没有明显影响，这表明阅读障碍和视觉注意资源的空间分布有重要关系，而右侧大脑皮质顶叶功能障碍被认为是阅读障碍患者注意力缺陷的神经基础。

对阅读障碍儿童注意稳定性的考察多从“抑制”功能出发。研究表明，阅读障碍儿童与正常儿童相比存在明显的抑制缺陷，Wang

---

① 刘议泽，钟姝，余雪，等. 汉语阅读障碍儿童的听觉注意转换延迟缺损[J]. 中国临床心理学杂志，2014，22(5)：778－781，811.

② 戴莉，刘翔平. 阅读障碍儿童的形音捆绑缺陷及其脑神经机制[J]. 心理科学，2017，40(1)：124－128.

③ Buchholz J，Davies A A. Adults with dyslexia demonstrate space－based and object－based covert attention deficits：Shifting attention to the periphery and shifting attention between objects in the left visual field[J]. Brain & cognition，2005，57(1)：30－34.

等人使用图形、数字和单词抑制任务发现，阅读障碍儿童表现出了更长的反应时间和更低的准确率①。Facoetti 运用视觉内隐注意定向范式对 24 名阅读障碍儿童进行了外周线索引起的视觉注意转移的研究，发现与正常儿童相比他们在中性线索和无效线索上不存在差异，也不存在抑制效应②。Wang 等人使用 Stroop 任务和 Go/No - go 任务发现，阅读障碍儿童和正常儿童在行为抑制方面没有显著性差异，但是认知抑制水平明显比正常儿童低，该研究还认为工作记忆和认知抑制对单词识别有显著的促进作用③。在神经机制研究方面，Ma 等人采用事件相关电位技术对阅读障碍儿童和正常儿童的负启动效应进行了研究，结果表明阅读障碍儿童在抑制方面存在缺陷，从加工时间看，阅读障碍儿童在早期的知觉选择过程中就出现了抑制缺陷，并持续到了反应选择阶段。在大脑皮层位置上，早期认知选择主要位于顶叶区域，晚期反应选择主要位于额叶和中央区域④。刘翔平等人在研究中以不同类型的语音材料作为分心刺激，考察其对阅读障碍儿童和普通儿童记忆的影响，研究显示，阅读障碍儿

---

① Wang L C, Tasi H J, Yang H M. Cognitive inhibition in students with and without dyslexia and dyscalculia[J]. Research in developmental disabilities, 2012, 33(5): 1453 - 1461.

② Facoetti A, Lorusso M L, Paganoni P, et al. The role of visuospatial attention in developmental dyslexia: evidence from a rehabilitation study[J]. Cognitive brain research, 2003, 15(2): 154 - 164.

③ Wang L C, Yang H M. Diverse inhibition and working memory of word recognition for dyslexic and typically developing children[J]. Dyslexia, 2015, 21(2): 162 - 176.

④ Ma Y, Wang E, Zhao G X. Location negative priming effects in children with developmental dyslexia: an event - related potential study[J]. Research in developmental disabilities, 2016, 55: 88 - 99.

童抗干扰能力普遍低于普通儿童。语音干扰更明显地作用于阅读障碍儿童，语义干扰更明显作用于普通儿童①。朱冬梅等以 Flanker 任务对阅读障碍儿童抑制功能进行考察，同样发现其存在明显缺陷②。

综上，阅读障碍儿童与同龄普通儿童相比存在多个层面的注意缺陷，研究者使用不同实验任务对注意相关问题进行了研究，有助于进一步明确注意与相关认知过程的相互作用机制。

第二节　重复知盲

一、重复知盲概述

信息技术的发展，不仅使人们对信息的接收在量上取得了前所未有的突破，信息接收的速度也发生了惊人的变化，这对人们的信息加工能力发起了巨大的挑战。在此背景下，人们快速处理信息时所产生的现象引起了学者极大的关注。在短时间内，人们是如何区别和识别刺激的呢？已有研究发现，在快速视觉序列呈现中，人们在正确识别第一个目标刺激后，在一定时间内再识别第二个目标刺

① 刘翔平，丁玎，杨双．阅读障碍儿童的语音干扰抑制能力研究[J]．中国特殊教育，2004(8)：80－84．

② 朱冬梅，王晶，吴汉荣．汉语阅读障碍儿童抑制功能特征分析[J]．中国学校卫生，2011，32(9)：1061－1062．

激出现困难，这种现象被称为注意瞬脱，它是对识别两个不同目标刺激的研究。那么，当序列中出现两个重复刺激人们的反应会是怎样的呢？这一问题引起了学者们极大的兴趣。

对重复刺激的研究，最初是在认知心理学领域。学者们发现，刺激在短时间内再次呈现，人们对它的识别会变得更加容易，这种现象被称为“重复启动”。这种现象的产生是因为重复刺激能有助于个体进行知觉、记忆等方面的加工。但是后来学者们又发现了一个和重复启动截然不同的现象，在快速序列视觉呈现中，重复刺激不但没有带来重复启动，反而带来了对重复刺激识别率下降的现象，这一现象被称为“重复知盲”。这一现象最早在 1984 年被 H. Intraub 发现，在研究中他以图片为实验材料发现在快速连续呈现中，重复图片在第二次呈现时回忆发生了困难①。随后 Kanwisher 通过一系列的研究将此现象正式命名为“重复知盲”，并将它定义为当视觉刺激在快速呈现序列（RSVP）中以 8 ~ 12 个每秒的速度呈现时，被试往往会忽视第二个重复的刺激而导致正确率下降的现象②。

作为一种反映个体认知缺陷的现象，重复知盲的普遍存在得到

---

① Intraub H. Conceptual masking: The effects of subsequent visual events on memory for pictures[J]. Journal of experimental psychology: learning, memory, and cognition, 1984, 10(1): 115.

② Kanwisher N G. Repetition blindness: type recognition without token individuation[J]. Cognition, 1987, 27(2): 117 - 143.

了证实。如在符号①、数字②、图画③、颜色及形状④⑤等加工中都发现了重复知盲的存在；以语言文字为实验材料的研究表明，重复知盲的发生具有跨语言性，例如英文⑥、汉字⑦及韩文⑧的加工中都存在重复知盲；面孔的重复知盲也引起了学者的极大关注⑨。进行以上研究的学者们往往通过设置不同的实验任务考察重复知盲的发生，将它作为了解个体认知加工特点的重要途径。因此，针对目前它存在的有争议或者有价值的问题都值得做进一步的探讨。

二、重复知盲产生的主要理论

自从 Kanwisher 的研究发表之后，学者们对研究视觉系统识别相

---

① Buffat S, Roumes C, Lorenceau J. Repetition blindness for natural images of objects with viewpoint changes[J]. Frontiers in psychology, 2013(3):622.

② Jiang Y, Tian Y, Wang K. The change of attentional blink and repetition blindness after cerebellar lesions[J]. Journal of clinical neuroscience, 2013, 20(12):1742 - 1746.

③ Arnell K M, Jolicoeur P. Repetition blindness for pseudoobject pictures[J]. Journal of experimental psychology: human perception and performance, 1997, 23(4):999 - 1013.

④ Kanwisher N, Driver J, Machado L. Spatial repetition blindness is modulated by selective attention to color or shape[J]. Cognitive psychology, 1995, 29(3):303 - 337.

⑤ Corballis M C, Armstrong C. Repetition blindness is orientation[J]. Memory & cognition. 2007, 35(2):372 - 380.

⑥ Chialant D, Caramazza A. Identity and similarity factors in repetition: implications for lexical processing[J]. Cognition, 1997, 63(1):79 - 119.

⑦ 王爱平，张厚粲. 关于 RB 效应加工水平的研究[J]. 心理科学, 2004, 27(6):1470 - 1472.

⑧ Yoon H Y，李程程，肖雪珍，等. 韩—汉跨语言词义水平的重复知盲效应[J]. 心理与行为研究, 2016, 14(2):207 - 213.

⑨ Murphy K, Ward Z. Repetition blindness for faces: a comparison of face identity, expression, and gender judgments[J]. Advances in cognitive psychology, 2017, 13(3):214 - 223.

似或相同的客体的方式越来越感兴趣。重复知盲不是一种简单的视觉效应，它反映了人们的认知加工局限。随着研究的不断深入，有关重复知盲的产生机制研究取得了丰硕的成果，研究主要围绕重复知盲发生的阶段及发生过程等问题展开，衍生出了许多假设、理论和模型，主要的几种理论如下：

（一）个体特征化理论①

最先提出个体特征化理论（Token Individuation Theory）的是Kanwisher（1987），此理论也称作类型－节点结合失败理论（Type－Token Binding Failure Theory）。该理论认为被试在识别序列中的刺激特征时，除了识别类型信息外，还需给每个刺激项标记上特征，例如借助颜色、大小、形状等特征进行个体化，这样才能区别于序列中的其他刺激。根据类型特征模型，视觉对象识别中涉及两个基本过程。首先必须激活类型节点，以指示该类型的特征是否存在，这个过程被称为类型激活；第二，激活的类型必须链接到适当的特征，该特征对应在特定的空间位置、时间顺序或同一时间出现的刺激。这个过程被称为特征个性化或类型特征绑定。此模型可被解释为一个刺激的类型节点被个体化后，当再出现一个重复刺激时将无法被同样个体化，也就是说重复刺激遭到了抑制，但此过程抑制的是它的个性特征，它的类型得到了较好的激活。这种抑制只发生在重复刺激上，并不影响序列中后面出现的刺激（见图 1.1 中的虚线箭头

① Kanwisher N G. Repetition blindness：type recognition without token individuation[J]. Cognition，1987，27(2)：117－143.

所示)。在此过程中，重复刺激虽然出现了两次，但没有被看成两个独立的事件，对个体而言，重复刺激在意识中只出现了一次。

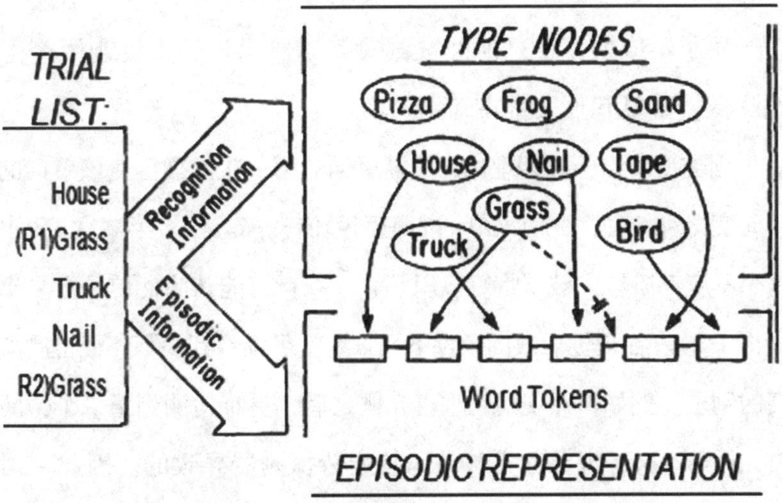

图 1.1　视觉呈现列表中处理类型和特征信息的集成模型

（二）类型节点不应期理论①②

Luo 和 Caramazza 基于不应期和 COA 的概念进行了重复知盲发生机制的实验研究，并正式提出了类型节点不应期理论（Type Refractory Theory）。类型节点不应期是指一个识别系统在对某一刺激作出响应后，会立即降低对此刺激的灵敏度，并逐渐恢复到其原先的静

① Luo C R, Caramazza A. Repetition blindness under minimum memory load: effects of spatial and temporal proximity and the encoding effectiveness of the first item[J]. Perception & psychophysics, 1995, 57(7): 1053 – 1064.

② Luo C R, Caramazza A. Temporal and spatial repetition blindness: effects of presentation mode and repetition lag on the perception of repeated items[J]. Journal of experimental psychology: human perception and performance, 1996, 22(1): 95 – 113.

止水平的这一段短暂的时间。在研究中他们发现，COA 是 RSVP 中调节重复知盲的因素，重复知盲效应是 COA 的倒 U 形函数。类型节点不应期假设认为，重复知盲的产生归因于类型节点被第一次刺激后，产生了不应期，在这期间被试对第二次出现的重复刺激产生的识别降低，重复知盲发生在知觉阶段。

根据类型节点不应期理论，重复单词的第一次出现会使该单词的识别单元变得难处理，并使该单词的识别阈值升高。如果第二次 R2 出现在这个不应期阶段，被试将难以识别它，并且可能认为此单词重复出现过（图 1.2）。在视觉后效的条件下，早期就可以看到一个类似检测阈值升高的例子。例如，在观察到垂直光栅之后，更难检测到第二个微弱的垂直光栅①。这种现象通常被认为是疲劳探测器导致的。因此，词汇识别的元素可能面临同样的疲劳，这可能导致重复词的识别阈值升高，使得 R2 有时无法被识别，最终重复词有时无法被检测到。

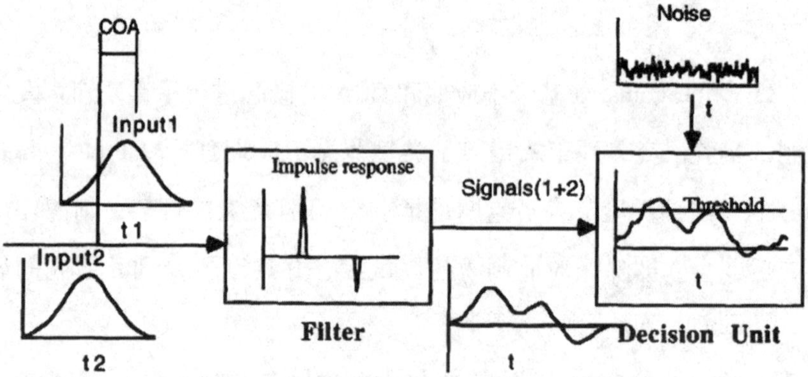

图 1.2　类型节点不应期识别刺激图

① Gilinsky A S. Orientation – specific effects of patterns of adapting light on visual acuity [J]. Journal of the optical of america, 1968, 58(1): 13 – 18.

（三）潜在提取模型①

Fagot 和 Pashler 提出的潜在提取模型（Potential Retrieval Based models）主张重复知盲的发生是在记忆提取阶段，重复知盲归因于人们对重复刺激项的潜在偏差。其中第一种为猜测偏差，指的是被试倾向于猜测未被看见的刺激项。引起重复知盲猜测偏差的原因是被试只能猜测尚未报告的刺激项，从而有选择地提高报告非重复刺激项的概率。第二种为检查偏差，被试有时不报告看到的某个刺激项，即被试认为自己的确看到了某个刺激项两次，但他们却只报告一次重复，这时重复知盲也会发生。Fagot 和 Pashler 通过实验证明，当序列是任意的字母时，这两种偏差是可以共存的，所以该模型认为重复知盲是猜测偏差和检查偏差共同作用的结果。

该模型对重复知盲的具体解释是，在刺激快速呈现时，刺激项不能足够快地被放入发音存储器，从而跟不上刺激的呈现速度。一些刺激项被放置在发音存储器中，一些被放置在视觉短期记忆中，而另一些刺激项可能被存储在更早（或者更概念化）的短期记忆系统中。有些刺激项将被分别存储在两个或多个存储器中，而另一些则只被存储在一个或零个存储器中。根据这个观点，为了使报告的目的更完整，被试会通过拼凑来自这些不同存储器的信息来完成检索。如果储存库中发现了重复刺激，一方面由于对同一刺激的重复个性化，另一方面由于本来就存在着相互独立的重复刺激。这就容

① Fagot C, Pashler H. Repetition blindness: perception or memory failure? [J]. Journal of experimental psychology: human perception and performance, 1995, 21(2): 275 – 292.

易导致被试在任务中出现上面提及的两种偏差，在非重复条件下正确率提高而重复条件下正确率降低，从而产生了重复知盲。

（四）建构与归因理论①②

建构与归因理论（Canstruction and Attribution Theory）强调刺激、情境、过去的经验和个体的意向组合对重复知盲的影响。Masson 在研究中认为在对重复刺激进行识别时，个体容易受到有意识感知到的刺激项的流利性，尤其是这种流利性所产生的归因的影响。此观点主张记忆是个体对客观刺激重建的过程，而不是简单的视觉搜索，在 RSVP 中每项都是独立编码的，由于快速显示，它们与上下信息没有很好地链接，在非重复条件下，即使没有上下文的链接刺激项之间也是有区别的，但是对于重复项，需要依赖于这样的链接以便将两个重复的刺激区分开来。但事实是当刺激快速呈现时，个体把第二次重复出现的刺激看成了之前第一次看到的，重复刺激 R2 的加工情景由于速度太快遭到了破坏，这容易导致个体对重复刺激出现错误的归因。根据该理论，改变实验情境的特性能引起重复知盲的变化。建构与归因理论同时认为重复知盲不仅是基于词汇的，在非词目标刺激中也可以找到重复知盲存在的条件。

---

① Masson M E J. When words collide: facilitation and interference in the report of repeated words from rapidly presented lists[J]. Journal of experimental psychology: learning, memory, and cognition, 2004, 30(6): 1279－1289.

② Whittlesea B W A, Masson M E J. Repetition blindness in rapid lists: activation and inhibition versus construction and attribution[J]. Journal of experimental psychology: learning, memory, and cognition, 2005, 31(1): 54－67.

（五）竞争假设①

Morris 等人提出的竞争假设（Competition Hypothesis）认为，重复知盲的产生是重复刺激 R2 在加工过程处于竞争劣势所导致的，刺激能否被正确识别取决于其在序列中的竞争力，这将受两个过程影响。首先是刺激表征的激活，每个新刺激都在事件缓冲区中不断更新其类型节点上的当前激活模式，直到出现新的刺激。此时当前刺激项表征开始逐渐衰减，新刺激项表征开始更新。因此，事件缓冲区中可以保持多个表征。然而，每次只有一个表征可以从缓冲区输入感知，而且表征在缓冲区中能够保持活动能力的时间是有限制的。其次是与邻近刺激间的竞争，刺激的表征只有在与前一项刺激或后一项刺激的竞争中获胜才能进入意识。序列中每个刺激在短时间内呈现（通常小于 150 毫秒），然后被后续的刺激所取代，因此每个刺激都受到前向和后向掩蔽的影响，在典型的 RSVP 条件下，事件缓冲区一次将包含两个表征（例如，N - 1 项和 N 项，或 N 项和 N + 1 项）。在获取意识的竞争中获胜取决于与每个刺激表征相关联的神经活动的总和，活动多的表征通常比活动少的表征更具有竞争性。由于与之相关的神经活动较少，重复项目与非重复项目相比通常处于竞争劣势地位。因此，尽管重复项目比非重复项目有更清晰的刺激表征形式（这使它们更容易被类型识别系统识别），但是重复项目却比非重复项目更难获得意识。

① Morris A L, Still M L, Caldwell - Harris C L. Repetition blindness: an emergent property of inter - item competition[J]. Cognitive psychology, 2009, 58(3): 338 - 375.

同时，竞争假设认同注意在竞争中的作用，由于项目间的竞争是综合的神经活动结果，因此它也可能通过注意而产生偏差。在没有注意偏差的情况下，后向掩蔽的竞争比前向掩蔽的竞争更激烈。在有注意影响的情况下，后向掩蔽的作用将减少。

（六）注意资源分配最优化理论①

竞争假设理论认为各刺激间存在对认知资源的竞争，但没有深入探讨注意的作用。学者冷英在竞争假设的基础上提出了注意资源分配最优化理论。该理论认为，个体分配注意资源的能力水平是不同的，当刺激被快速呈现时，个体有更好的回忆水平，在时间紧张的条件下个体对各刺激的注意分配是不同的。当个体意识到重复刺激时，往往会分配较少的注意资源给重复刺激 R2，而把较多的注意资源留给了非重复刺激，导致对重复刺激的报告降低，产生了重复知盲。此观点强调了个体的能动性对重复知盲的影响，因为个体通常会选择最佳的策略进行认知加工。冷英同时认为该理论和竞争假设理论属于同一框架，只是竞争假设更多地从刺激本身的特征角度解释其对重复知盲的影响，注意资源分配则从个体能动性角度解释了它对重复知盲的影响。

通过对以上主要理论的分析，不难发现早期对重复知盲发生机制的争议主要集中在它的发生阶段上，其中标记个体化理论和类型节点不应期理论支持重复知盲发生在知觉阶段，潜在提取模型支持

---

① 冷英，谭小英，曾庆，等. 重复刺激的末位优势效应［J］. 心理学报，2012，44（6）：766－776.

重复知盲发生在记忆阶段，而双加工理论认为重复知盲既可以发生在知觉阶段又可以发生在记忆阶段。而后期的理论没有直接针对重复知盲的发生阶段进行，而是通过不同的影响因素重点解释了重复知盲的发生过程，如建构与归因理论认为重复知盲的发生是由于对重复刺激加工的情景归因失败，竞争假设理论则认为重复知盲的发生是由重复刺激在序列中的竞争劣势导致。以上理论均取得了部分实验的支持，但学者们对此仍有分歧，莫衷一是。分歧的存在没有降低学者们的研究热情，反而促使他们不断地尝试用不同的实验材料及实验设计对重复知盲发生机制进行论证和完善。

三、重复知盲的语言发生水平

尽管使重复知盲发生的刺激材料具有广泛性，但由于文字材料具有其特殊性应用价值，所以重复知盲在语言领域内的研究相对较多。这些研究大都聚焦在重复知盲的发生水平上，主要涉及正字法水平、语音水平及语义水平。语言在大脑中主要通过词汇和概念两个方面进行表征，词汇的表征发生在知觉水平上，包括字形和语音，而概念表征主要发生在记忆水平上。所以在语言领域内，认为重复知盲发生在正字法和语音水平上的学者，实际是支持重复知盲发生在知觉水平上这一观点的；而认为重复知盲发生在语义水平上的学者，实则支持重复知盲发生在记忆水平上这一观点。相关研究表明，各种语言文字特点虽有所不同，但其结果仍然表现出了一些共性。

（一）正字法水平

正字法是指文字的形体标准和书写规则①，正字法意识的缺陷严重影响到字词的识别及阅读理解的水平。重复知盲发生在正字法水平上的观点在拼音和汉字加工中都取得了大量的证据，Kanwisher 和 Potter 在早期发现单词中只有一个相同字母或者字母相同但是顺序不同很难产生重复知盲②。Bavelier 在研究中发现了正字法水平的重复知盲，重复知盲效应量受词的频率影响③。Harris 和 Morris 则发现，重复知盲可以发生在相似字的亚词汇水平上，在整个单词的水平上的相似性会导致第二个单词被抑制（相似性抑制），并且重复知盲的程度受相似的程度及相同程度字母的位置影响，包括仅共享其首字母、最后两个字母、前三个字母、中间三个字母、开头和结尾字母、三个交替字母和三个不连续字母的关键字④。随后他们还发现重复知盲也同样存在于形似的词和非词之间，他们认为之前的研究之所以未能发现非单词的重复知盲，可能是因为允许两个单词可靠编码显示的条件不足以用于非单词，或者因为观察者本身通过使用不需要创建心理类型或标记它的猜测策略来处理、编码非单词的

---

① 刘文理，刘翔平，张婧乔．汉语发展性阅读障碍亚型的初步探讨[J]．心理学报，2006，38(5)：681－693.

② Kanwisher N G，Potter M C. Repetition blindness：levels of processing[J]. Journal of experimental psychology：human perception and performance，1990，16(1)：30－47.

③ Bavelier D，Prasada S，Segui J. Repetition blindness between words：nature of the orthographic and phonological representations involved[J]. Journal of experimental psychology：learning，memory，and cognition，1994，20(6)：1437－1455.

④ Harris C L，Morris A L. Orthographic repetition blindness[J]. The quarterly journal of experimental psychology section a，2000，53(4)：1039－1060.

能力较弱①。在对汉字的加工中发现大致一样的结论，相似字同样可以产生重复知盲②，这主要体现在对相同汉字部件的不同形式的研究，如武悦等人通过操控独体字和合成字中相同部件的位置发现，重复知盲发生在知觉水平阶段③。Coltheart 等人在研究中发现，当目标词为真字时重复知盲效应显著，当目标词为假字时则未产生重复知盲，他们以此支持标记个体化的理论假设④。

（二）语音水平

重复知盲是否能发生在语音水平这一问题目前结论不一致，Kanwisher 发现拼写不同但读音相似的单词没发生重复知盲⑤，但也有研究显示它既可以产生在同类语言的同音词中⑥，也可以产生于不同类型的刺激中。Bavelier 等人发现，单词和数字或图片中的实物

① Harris C L, Morris A L. Repetition blindness occurs in nonwords[J]. Journal of experimental psychology: human perception and performance, 2004, 30(2): 305 - 318.

② Yeh S L, Li J L. Sublexical processing in visual recognition of Chinese characters: evidence from repetition blindness for subcharacter components[J]. Brain and Language, 2004, 88(1): 47 - 53.

③ 武悦，王爱平. 汉字部件水平的重复知盲效应[J]. 心理科学，2015，38(2)：296 - 302.

④ Coltheart V, Langdon R. Repetition blindness for words yet repetition advantage for nonwords[J]. Journal of experimental psychology: learning, memory, and cognition, 2003, 29(2): 171 - 185.

⑤ Kanwisher N G, Potter M C. Repetition blindness: Levels of processing[J]. Journal of experimental psychology: human perception and performance, 1990, 16(1): 30 - 47.

⑥ 刘皓明. 汉字重复知盲发生水平的研究[D]. 硕士学位论文，广州：华南师范大学，2005.

读音相同均会产生重复知盲①②，并且语音及频率特性会影响重复知盲的程度。冷英等人在多音字的重复知盲研究中，通过完全重复、同音重复、不同音重复三个水平的比较发现了多音字可以产生重复知盲，但需要较短的刺激呈现时间，在 200 毫秒处多音字就会出现重复启动③。

（三）语义水平

目前，在图片语义相关的材料中已发现了重复知盲，Kanwisher 等用语义相似的图片（如直升机—飞机）表明重复知盲可以发生在语义水平。在文字方面是否存在概念层次的重复知盲观点存在分歧，Kanwisher 在研究句子中是否存在语义相近的词时没有发现重复知盲，在汉语句子加工中王爱平得到了同样的结论④。Altarriba 在跨语言研究中发现：当一个单词在一个英语句子中重复出现时，会产生重复知盲，而当两个单词在不同的语言（英语－西班牙语）中重复出现时，重复知盲没有被发现；在西班牙语和英语中，使用单词列表进行相同的重复，出现了重复知盲，说明跨语言条件在回忆方面

① Bavelier D, Potter M C. Visual and phonological codes in repetition blindness[J]. Journal of experimental psychology: human perception and performance, 1992, 18(1): 134－147.

② Bavelier D, Prasada S, Segui J. Repetition blindness between words: Nature of the orthographic and phonological representations involved[J]. Journal of experimental psychology: learning, memory, and cognition, 1994, 20(6): 1437－1455.

③ 冷英，陈旭莲. 汉字多音字加工过程中的重复知盲效应[J]. 心理学报，2011，43(12)：1370－1379.

④ 王爱平，张厚粲. 汉语句子加工中 RB 效应的研究[J]. 心理科学，2006，29(4)：848－851.

有着显著的促进作用，同时概念处理过程已经发生，但语义重叠并不足以产生重复知盲①。韩语-汉语的重复知盲研究得到了同样的结果②。Seet 等人在研究中发现，在对比图片任务中，无论是语义低关联词还是高关联词，报告的正确率都没有降低。他认为图像刺激的语义 RB 是由视觉语言空间内的视觉干扰引起的，文字任务并不一定会受到语义 RB 作为中介作用的影响。相反，在图片和文字版本中观察到的联合促进反映了词汇网络中关联表征之间的激活扩散③，这些结果均表明重复知盲未发生在记忆水平上。

同时，也有支持重复知盲会发生在语义水平上的观点存在。如在汉字加工的研究中，虽然大部分学者认为语义相关的字不能发生在语义水平上，但在以颠倒词为实验材料的研究中，夏依婷等发现当部分报告时重复知盲发生在知觉水平，但在全部报告时却发现了语义水平上的重复知盲④。另外，在有关情绪词的研究中，关于负性词和中性词两者引起的重复知盲效应的程度目前存在争议，但学者基本都认同语义编码影响重复知盲这一观点。Silvert 等人发现，情绪词产生了更大的 RB 效应。然而，情感词汇和具有情感内涵的情

① Altarriba J, Soltano E G. Repetition blindness and bilingual memory: token individuation for translation equivalents[J]. Memory & cognition, 1996, 24(6): 700-711.

② Yoon Hoyung, 李程程, 肖雪珍, 等. 韩-汉跨语言词义水平的重复知盲研究[J]. 心理与行为研究, 2006, 14(2): 207-213.

③ Seet M S, Andrews S, Harris I M. Semantic repetition blindness and associative facilitation in the identification of stimuli in rapid serial visual presentation[J]. Memory & cognition, 2019: 1-7.

④ 夏依婷, 冷英, 陈燕, 等. 汉语颠倒词加工中重复知盲发生的水平[J]. 心理学报, 2012, 44(12): 1583-1595.

绪词汇不是系统地被混合在一起的。在研究中他将RB与标记情绪状态（例如，仇恨）的情感词语，具有情感内涵的情绪词汇（例如，棺材）和中性词语（例如，灯笼）进行比较。情绪词语所导致的RB程度大于情绪负载词语和中性词语。目前的研究表明情绪和情绪负载的词语处理方式不同①。在情绪表情中，Mowszowski等人发现，使用威胁性表情作为实验刺激比非威胁性表情激发出更多的重复知盲，语义相关但不相同的威胁表情比非威胁性刺激产生的重复知盲少②。在名字的重复知盲研究中，Arnell等人发现，被试自己的名字所引起的重复知盲效应显著小于别人的名字，因为自己的名字在日常生活中会听到无数次，这种刺激以一种无意的、非自愿的、不消耗认知资源的方式被处理。表明了自我相关刺激的处理是优先的，而且大部分是自动的③。以上这些研究都表明重复知盲可以发生在语义水平上。

四、重复知盲的主要影响因素

（一）时间因素

已有大量研究表明，刺激的呈现时间和刺激间的间隔时间是拼

---

① Silvert L, Naveteur J, Honore J, et al. Emotional stimuli in rapid serial visual presentation[J]. Visual cognition, 2004, 11(4): 433 – 460.

② Mowszowski L, McDonald S, Wang D, et al. Preferential processing of threatening facial expressions using the repetition blindness paradigm[J]. Cognition & emotion, 2012, 26(7): 1238 – 1255.

③ Arnell K M, Shapiro K L, Sorensen R E. Reduced repetition blindness for one's own name[J]. Visual cognition, 1999, 6(6): 609 – 635.

音文字出现重复知盲的重要条件。虽然各研究因实验材料等因素的不同导致重复知盲发生的时间条件不一致，但重复知盲的发生依赖于特定的时间窗口已达成共识。最早 Kanwisher 在研究中表明，被试在较长延迟和较慢的呈现率下更容易识别重复刺激，在更快的速度下识别重复的难度最大。两个刺激目标的重复知盲发生在 117～250 毫秒的时间窗口，且效应量随时间的增加而减弱①。随后学者们对不同材料的重复知盲进行了研究，同样发现了刺激呈现时间对重复知盲的重要性。如 Bavelier 发现，以图片为材料的 RB 仅出现在 83 毫秒②；王爱平等人发现，汉字的 RB 出现在 128～254 毫秒之间，且随着时间的延长呈下降趋势③；冷英等人在汉语词汇的 RB 研究中发现，重复知盲出现在 100～200 毫秒之间等④。

目标刺激之间的时间间隔也是影响重复知盲的重要因素，当刺激项之间的间隔时间较短时，被试进行回忆报告较为困难，有较强的重复知盲效应，当刺激项之间的间隔时间较长时，被试更易进行回忆报告，且重复知盲效应随着间隔时间的增加而减弱。Hochhaus 和 Marohn 使用启动范式研究了 ISI 对重复知盲的影响，发现了重复

① Kanwisher N G. Repetition blindness: type recognition without token individuation[J]. Cognition, 1987, 27(2): 117 – 143.

② Bavelier D. Repetition blindness between visually different items: the case of pictures and words[J]. Cognition, 1994, 51(3): 199 – 236.

③ 王爱平，张厚粲. 汉字加工中呈现速率对重复知盲效应的影响[J]. 心理科学，2005, 28(4): 809 – 811.

④ 冷英，陈旭莲. 汉字多音字加工过程中的重复知盲效应[J]. 心理学报，2011, 43(12): 1370 – 1379.

知盲效应是 ISI 的倒 U 形函数①。Park 和 Kanwisher 在实验中要求被试报告四个嵌入了一系列符号的字母。每个条目显示 117 毫秒，R1 和 R2 之间的 ISI 值从 117 毫秒到 583 毫秒不等，每次增加 117 毫秒。实验发现重复知盲是 ISI 的一个递减函数②。Luo 和 Caramazza 则进一步发现重复知盲效应在目标刺激间隔为 1 毫秒时最大③。Silvert 等人在研究中探讨了不同的重复刺激时间间隔对情绪词重复知盲的影响，结果显示在 lag1 条件下情绪词和中性词所引起的重复知盲效应有显著性差异，但在 lag2 及 lag3 条件下两者的差异不显著④。

目前时间因素对重复知盲影响的结论基本一致，所以在研究其他因素对重复知盲的影响时，为避免因变量过多，很多实验都控制了刺激呈现时间及重复刺激的时间间隔这两个因素。刺激呈现时间控制在重复知盲发生的时间窗口内，时间间隔则通常控制在重复知盲效应较大的 lag1 水平。

（二）位置因素

研究表明，目标刺激不同的位置影响着重复知盲效应的大小。

---

① Hochhaus L, Marohn K M. Repetition blindness depends on perceptual capture and token individuation failure[J]. Journal of experimental psychology: human perception and performance, 1991, 17(2): 422 - 432.

② Park J, Kanwisher N. Determinants of repetition blindness[J]. Journal of experimental psychology: human perception and performance, 1994, 20(3): 500 - 519.

③ Luo C R, Caramazza A. Temporal and spatial repetition blindness: effects of presentation mode and repetition lag on the perception of repeated items[J]. Journal of experimental psychology: human perception and performance, 1996, 22(1): 95 - 113.

④ Silvert L, Naveteur J, Honore J, et al. Emotional stimuli in rapid serial visual presentation[J]. Visual cognition, 2004, 11(4): 433 - 460.

重复知盲主要是通过刺激时间上的分离来表现的，但很多研究发现当两个空间上分离的刺激同时呈现时，不同空间位置的重复刺激也会产生重复知盲。Kanwisher 等人在研究中考察了刺激在视觉空间中的位移是否同样可以引起重复知盲，结果发现，不同空间位置的重复刺激也不能被顺利个体化①。这一结果也得到了不同学者的反复验证②③④。研究同时发现，空间位置上相同刺激产生的重复知盲效应比相同位置上的重复知盲效应小，这表明空间因素对重复知盲的影响不是很大⑤。Hochhaus 和 Marohn 研究了 C1 和 C2 之间的空间距离对 RB 的影响。它们固定了 C2 的位置，设置了 C1 和 C2 之间的距离四种条件，分别为 0°、0. 56°、1. 12°和 1. 68°的视角，结果发现从 0°到 0. 56°，RB 的大小明显降低，但进一步增加角度对 RB 空间分离没有影响⑥。Luo 和 Caramazza 在研究中则考察了空间重复知盲的程度和重复延迟时间变化的关系，结果发现随着分离出两个相同刺激

---

① Kanwisher N, Mary C P. Repetition blindness: the effect of stimulus modality and spatial displacement[J]. Memory & cognition, 1989, 17(2): 117－124.

② Baylis G C, Driver J, Rafal R D. Visual extinction and stimulus repetition[J]. Journal of cognitive neuroscience, 1993, 5(4): 453－466.

③ Kanwisher N, Driver J, Machado L. Spatial repetition blindness is modulated by selective attention to color or shape[J]. Cognitive psychology, 1995, 29(3): 303－337.

④ Neill W T, Neely J H, Hutchison K A, et al. Repetition blindness, forward and backward [J]. Journal of Experimental Psychology: Human perception and performance, 2002, 28(1): 137－149.

⑤ Fagot C, Pashler H. Repetition blindness: perception or memory failure? [J]. Journal of Experimental Psychology. Human perception & performan, 1995, 21(2): 275.

⑥ Hochhaus L, Marohn K M. Repetition blindness depends on perceptual capture and token individuation failure[J]. Journal of experimental psychology: human perception and performance, 1991, 17(2): 422－432.

的不同项数的增加，RB先增加后减少，说明它是重复滞后的倒U形函数，但这种关系不是重复刺激的空间分离导致的，而是由于重复延迟时间是调节重复知盲的因素①。Epstein和Kanwisher采用报告字母和报告位置两种任务考察了位置对重复知盲的影响，结果发现在8个位置条件下，报告位置中没有产生重复知盲，在4个位置条件下却出现了位置的重复知盲②。

除不同的空间位置外，目标刺激在同一空间位置刺激的不同角度也影响着重复知盲。Harris等人在研究中发现，当重复刺激旋转180°时重复知盲效应会减少或者消失，这表明上下翻转的目标比其他旋转方向更容易被个体识别，目标刺激方向在情景表征中起着重要作用③。同时目标在序列中的不同位置同样影响着重复知盲。针对这一问题，王爱平和张厚粲在研究中探讨了8种目标刺激不同序列位置对重复知盲的影响，结果发现除1-4位置未发生重复知盲外，其他7个位置上均出现了重复知盲效应④。郭亚桥等人在关于重复知盲现象的序列位置效应中发现，当R1和R2处于2-4和4-6的位置时，被试的报告准确度低于其在3-5的位置，即刺激序列两

① Luo C R, Caramazza A. Temporal and spatial repetition blindness: effects of presentation mode and repetition lag on the perception of repeated items[J]. Journal of experimental psychology: human perception and performance, 1996, 22(1): 95-113.

② Epstein R, Kanwisher N. Repetition blindness for locations: evidence for automatic spatial coding in an RSVP task[J]. Journal of experimental psychology: human perception and performance, 1999, 25(6): 1855-1866.

③ Harris I M, Dux P E. Orientation-invariant object recognition: evidence from repetition blindness[J]. Cognition, 2005, 95(1): 73-93.

④ 王爱平，张厚粲. 在汉字加工中间隔效应对重复知盲效应的影响[J]. 心理科学，2002, 25(6): 645-648.

端的 RB 效应强度大于中间的刺激序列的 RB 效应强度①。冷英等人则在研究中发现了重复刺激的末位优势效应，即重复刺激出现在序列末尾时产生的重复知盲效应小于其他位置②；岳培娜则以不同年龄的个体为被试研究发现，目标序列位置对不同年龄个体重复知盲的影响是不同的：对成年早期的个体而言，位于序列两端的重复刺激引起的重复知盲效应大于位于中间位置的；对成年晚期的个体而言，位于序列前端的重复刺激引起的重复知盲效应大于末端位置的③。

（三）任务因素

研究表明，报告任务的不同是影响重复知盲的又一重要因素。例如报告不同的目标词对重复知盲产生了不同的影响，早期 Kanwisher 就发现在同样的实验条件下，被试在报告目标词时产生了重复知盲，在报告尾词时却产生了重复启动④。冷英等人在研究汉语叠词的重复知盲时同样发现，重复知盲只有在全部报告时出现，在部分报告条件下则消失⑤。夏依婷等人在研究汉语颠倒词的重复知盲时发现，在全部报告时重复知盲发生在语义水平，在部分报告时

---

① 郭亚桥，王丽丽，邱江，等. 重复知盲现象中的序列位置效应［J］. 西南大学学报，2008，30(10)：160－163.

② 冷英，谭小英，曾庆，等. 重复刺激的末位优势效应［J］. 心理学报，2012，44(6)：766－776.

③ 岳培娜. 情绪词的重复知盲效应［D］. 硕士学位论文，开封：河南大学，2015.

④ Kanwisher N G. Repetition blindness：Type recognition without token individuation［J］. Cognition，1987，27(2)：117－143.

⑤ 冷英，何秀丽. 重复知盲效应产生的机制：来自汉语叠词加工的证据［J］. 心理科学，2012，35(2)：299－303.

重复知盲发生在知觉水平①。

另外，在全部报告中刺激报告顺序的不同对重复知盲也产生了影响。冷英等人在研究中发现，当正向报告时产生了明显的重复知盲，当逆向报告时却未发现重复知盲②，这和 Wong 等人认为 R2 可以后向影响 R1 产生重复知盲的观点不一致③。另外，Chan 和 Hayward 在研究中发现探测任务条件会产生比报告任务更强的重复知盲效应④。黄健辉等人在研究中让被试判断目标刺激是一个动物词还是两个动物词时出现了重复知盲，但让被试判断第二个目标词是否是动物词时则出现了重复启动⑤。Baylis 等人在大脑右半球损坏的病人中发现，当两个形状相同、颜色不同的刺激呈现时，被试报告颜色时没有出现重复知盲，但在报告形状的任务中，出现了重复知盲⑥。

以上实验通过研究任务因素对重复知盲的影响，不仅揭示了重复知盲的发生阶段，同时表明个体的识别能力受损与反应偏向有密

---

① 夏依婷，冷英，陈燕，等．汉语颠倒词加工中重复知盲发生的水平[J]．心理学报，2012，44(12)：1583－1595．

② 冷英，谭小英，曾庆，等．重复刺激的末位优势效应[J]．心理学报，2012，44(6)：766－776．

③ Wong K F E, Chen H C. Forward and backward repetition blindness in speed and accuracy[J]. Journal of experimental psychology: human perception and performance, 2009, 35(3): 778－786.

④ Chan W, Hayward W. Specific task strategies affect repetition blindness[J]. Journal of vision, 2010, 10(7): 195－195.

⑤ 黄健辉，陈烜之．重复知盲：刺激呈现时间及作业对反应时的影响[J]．心理学报，1997，29(4)：345－349．

⑥ Baylis G C, Driver J, Rafal R D. Visual extinction and stimulus repetition[J]. Journal of cognitive neuroscience, 1993, 5(4): 453－466.

切的关系，个体会根据任务的不同进行注意资源的分配，加工策略对重复知盲产生的影响也反映出了注意在重复知盲中发挥着调节作用。

五、特殊群体的重复知盲研究

在认知心理学领域，通过对重复知盲的研究可以探索个体的认知加工过程。以特殊人群为对象的重复知盲研究，从神经发生机制的角度极大地丰富了重复知盲的研究，虽然目前涉及的特殊群体不是很广，但其成果表现出了特殊的优势，以重复知盲的个体为被试必将成为研究重复知盲效应的重要途径。

在特殊被试研究中，老年人是一类重要的研究对象。Tyrrell 等人以同音字和重复字为目标，对 30 名年轻人和 28 名老年人进行了重复知盲的对比，结果发现，老年人表现出更大程度的重复知盲效应及同音盲，这表明重复知盲效应随着年龄的增长而增强，老年人比年轻人更难形成对重复刺激的表征连接，此结果为认知老化的存在提供了证据①。岳培娜在以成年晚期的个体为被试的研究中发现，成年晚期个体的重复知盲效应大于成年中期，且他们在序列前端引起的重复知盲效应要比末端位置大，由此表明他们的重复知盲受记忆影响比较大②。

---

① Tyrrell C J, James L E, Noble P M. Repetition blindness and homophone blindness in young and older adults[J]. Aging, neuropsychology, and cognition, 2016, 23(6): 651 - 666.

② 岳培娜. 情绪词的重复知盲效应[D]. 硕士学位论文, 开封: 河南大学, 2015.

在对小脑参与重复知盲的发生机制的研究中，Jiang 等人对小脑病变者的重复知盲和注意瞬脱进行了研究，结果发现对比正常人，小脑病变患者表现出更长的注意瞬脱及重复知盲持续时间，强度也更大，并且正常组中重复知盲的出现率低于注意瞬脱，但在小脑病变者中发现两者无显著差异，由此为小脑参与视觉时间注意的中央处理阶段这一观点提供了证据①。

有关研究表明，精神分裂患者在快速识别重复刺激时出现了重复知盲现象。研究中分别以英语和德语作为实验材料发现，精神分裂患者和正常被试一样都出现了重复知盲现象，不同的是在英语材料中，正常被试在目标刺激时间间隔为 lag4 条件下重复知盲已消失，但精神分裂患者仍存在②。此研究没有深入探讨精神分裂患者和正常被试重复知盲的差异，但结果支持了重复知盲发生在知觉阶段而不是记忆阶段的观点，认为精神分裂患者的重复知盲是感知觉加工中抑制缺陷导致的。另外，Park 和 Hooker 在他们的研究中发现，与正常被试相比，精神分裂患者和其亲属的重复知盲效应都有所增强，这表明精神分裂患者缺乏快速加工信息的能力③。

另外，在同时性失认症患者中也发现了重复知盲的存在，Coslett

---

① Jiang Y, Tian Y, Wang K. The change of attentional blink and repetition blindness after cerebellar lesions[J]. Journal of clinical neuroscience, 2013, 20(12): 1742 - 1746.

② Kammer T, Saleh F, Oepen G, et al. Repetition blindness in schizophrenic patients[J]. European archives of psychiatry and clinical neuroscience, 1998, 248(3): 136 - 140.

③ Park S, Hooker C. Increased repetition blindness in schizophrenia patients and first-degree relatives of schizophrenia patients[J]. Schizophrenia research, 1998, 32(1): 59 - 62.

等人通过一系列实验验证了这一结果，同时结合大脑核磁共振分析推断，左侧额中回病变或者白质的增加可能是同时性失认症患者重复知盲产生的原因①。

综上，特殊被试的重复知盲研究虽取得了一些成果，但涉及的群体范围相对较小，所以需拓展更大的研究空间以对重复知盲的发生机制进行更深入的探讨。

六、重复知盲的神经机制研究

有关脑神经机制的研究为重复知盲的发生机制提供了更科学的证据，其结果与行为实验的结合极大地促进了重复知盲的研究。目前对重复知盲神经机制的研究主要围绕重复知盲的发生阶段及与重复知盲相关的大脑区域这两方面开展，为重复知盲的发生机制研究提供了有力证据。但研究发现，关于重复知盲相关神经机制的研究并不多，且大多集中在对特殊人群的研究。

Coslett 等人在顶叶受损的失认症患者中发现，颞 - 枕叶视觉信息加工联合区与顶叶的位置信息捆绑失败导致了重复知盲②，顶区和额区同时又和注意有密切联系③，因此这也和重复知盲受注意分配的影响的观点相吻合。

---

① Coslett H B, Lie E. Simultanagnosia: effects of semantic category and repetition blindness[J]. Neuropsychologia, 2008, 46(7): 1853 - 1863.

② Coslett H B, Lie E. Simultanagnosia: effects of semantic category and repetition blindness[J]. Neuropsychologia, 2008, 46(7): 1853 - 1863.

③ Beck D M, Rees G, Frith C D, et al. Neural correlates of change detection and change blindness[J]. Nature neuroscience, 2001, 4(6): 645 - 650.

Tyrrell 等人使用条件评分法发现老年人的重复知盲效应量高于年轻人，而条件评分法可以确定重复知盲已经发生。重复知盲的存在，以及老年人相对于年轻人重复知盲水平的增加，都表明重复知盲与认知功能的老化有关，认知功能是影响重复知盲水平的重要影响因素①。

Kammer 等人在两项用英语或德语进行的对 47 名对照被试和 30 名精神分裂患者在不同条件下诱导重复知盲研究中，发现精神分裂患者表现出重复知盲的程度与正常对照组差异不显著，说明了重复知盲可能与精神分裂症患者的认知功能失调无关②。

Schendan 等人在重复知盲的 ERP 研究中，发现存在一种中早期的神经活动过程（约发生在 220 毫秒时），这种活动过程从即时重复启动开始时促进重复刺激处理，但这种过程错误地将重复项当作了新项，可能是由于基底颞新皮质诱导了对新信息和重复信息的不同后续处理③。

Koivisto 等人以字母和数字为材料，通过对注意瞬脱和重复知盲的对比采用了事件相关电位技术（ERP）进行研究，结果发现重复刺激 R2 呈现后的 100 ~ 300 毫秒，正确识别重复刺激序列比错误识

① Tyrrell C J, James L E, Noble P M. Repetition blindness and homophone blindness in young and older adults[J]. Aging, neuropsychology, and cognition, 2016, 23(6): 651 - 666.

② Kammer T, Saleh F, Oepen G, et al. Repetition blindness in schizophrenic patients[J]. European archives of psychiatry and clinical neuroscience, 1998, 248(3): 136 - 140.

③ Schendan H E, Kanwisher N G, Kutas M. Early brain potentials link repetition blindness, priming and novelty detection[J]. Neuroreport, 1997, 8(8): 1943 - 1948.

别重复序列诱发了一个更大的负波①。

国内学者郭亚桥等人以汉字和符号为材料发现，在200~300毫秒内错误识别重复刺激序列比正确识别重复序列出现了更负向的波②。肖雪珍等人在汉字亚词汇正字法的重复知盲研究中发现，在完全重复条件下，重复刺激出现100毫秒处，重复识别比错误重复刺激识别诱发了更强的负波，且部件重复条件与完全重复条件下顶区、后颞叶及额区所产生的负波有显著差异③。这些结果均为重复知盲发生在记忆之前的知觉加工阶段提供了证据。

第三节　阅读障碍儿童与重复知盲

尽管目前重复知盲的研究成果较为丰硕，但通过文献搜索，尚未发现阅读障碍儿童重复知盲的相关研究。通过前人研究可以发现，阅读障碍儿童和重复知盲之间存在着密切的关系，这些关系为研究阅读障碍儿童的重复知盲现象提供了线索和依据，其主要相关性体现在以下两个方面。

---

① Koivisto M, Revonsuo A. Comparison of event - related potentials in attentional blink and repetition blindness[J]. Brain research, 2008, 1189: 115 - 126.

② 郭亚桥，王丽丽，邱江，等. 重复知盲现象中的序列位置效应[J]. 西南大学学报，2008，30(10):160 - 163.

③ 肖雪珍，沈艳红，周黎明，等. 汉字亚词汇正字法水平的RB及神经机制[J]. 心理研究，2018，15(5):409 - 417.

一、快速信息加工方面

阅读过程主要涉及两个成分：字词的解码及阅读理解[①]。有观点认为熟练阅读者需要准确地进行字形及字音的解码才能实现语义的通达[②]，阅读障碍儿童在阅读中尤其是在快速阅读中却表现出了明显的落后，这与他们的时间知觉加工缺陷密切相关。时间加工缺陷理论一定程度上整合了视觉加工缺陷和语音加工缺陷，认为阅读障碍儿童对快速呈现的刺激存在反应时间和正确率的明显落后[③]。在视知觉快速加工能力方面，研究表明阅读障碍儿童的大细胞通路受损会产生严重的影响[④]，这主要由于大细胞通路负责处理快速、低对比度的视觉刺激[⑤]。除此之外，阅读障碍儿童在语言学方面的快速加工能力也表现出明显的不足，研究表明他们和正常儿童在快速命名技能上存在显著差异。目前虽然快速命名技能是否能同时预测字词解码和阅读理解仍存在着争议，但它对字词解码的影响已被广大学者认同，并且有观点提出快速命名对阅读障碍儿童字词解码

---

① Lundberg I. The child's route into reading and what can go wrong[J]. Dyslexia, 2002, 8(1): 1 – 13.

② Dudley A M, Mather N. Getting up to speed on reading fluency[J]. New England reading association journal, 2005, 41(1): 22 – 27.

③ Stein J, Walsh V. To see but not to read; the magnocellular theory of dyslexia[J]. Trends in neurosciences, 1997, 20(4): 147 – 152.

④ 肖茜，张逸玮，赵婧，等. 汉语发展性阅读障碍儿童的视觉快速加工能力[J]. 中国心理卫生杂志，2014，28(9)：679 – 684.

⑤ McLean G M T, Stuart G W, Coltheart V, et al. Visual temporal processing in dyslexia and the magnocellular deficit theory: the need for speed? [J]. Journal of experimental psychology: human perception and performance, 2011, 37(6): 1957 – 1975.

的影响要显著大于对正常儿童字词解码的影响①。

快速信息加工过程是了解个体认知特点的重要途径，其中注意瞬脱现象是研究阅读障碍儿童快速信息加工过程的重要窗口，它是一种信息在快速视觉呈现时，在正确识别第一个目标的条件下对第二个目标不敏感的现象②。注意瞬脱的相关研究表明，阅读障碍儿童在进行快速加工时存在明显的注意转换缺陷，他们在加工一个刺激时往往注意停留时间过长，不能及时将注意从一个目标转到另一个目标上，所以他们正确辨识第二个目标刺激需要的时间比正常儿童更长③，同时这种缺陷在个体听觉通道中也显著存在④。但对此也存在不一样的观点，Lacroix 等人在研究中发现阅读障碍儿童注意瞬脱持续的时间比正常儿童要短，他们认为这是阅读障碍儿童和正常儿童在情景记忆中的编码方式不同导致的⑤。重复知盲是个体在快速视觉呈现中对重复刺激不能进行有效加工的一种现象，它反映了个体视觉快速加工的能力，体现了个体认知加工的局限。它和注意瞬脱一样都反映了个体快速加工信息的特点，使用了快速序列视觉

① 薛锦，舒华. 快速命名对汉语阅读的选择性预测作用[J]. 心理发展与教育，2008，24(2)：97－101.

② Raymond J E, Shapiro K L, Arnell K M. Temporary suppression of visual processing in an RSVP task: An attentional blink? [J]. Journal of experimental psychology: Human perception and performance, 1992, 18(3): 849－860.

③ Hari R, Renvall H. Impaired processing of rapid stimulus sequences in dyslexia[J]. Trends in cognitive sciences, 2001, 5(12): 525－532.

④ 刘议泽，钟姝，余雪，等. 汉语阅读障碍儿童的听觉注意转换延迟缺损[J]. 中国临床心理学杂志，2014，22(5)：778－781.

⑤ Lacroix G L, Constantinescu I, Cousineau D, et al. Attentional blink differences between adolescent dyslexic and normal readers[J]. Brain and cognition, 2005, 57(2): 115－119.

呈现（RSVP）这同一实验范式。两者虽然在表面上有很大的相似性，但其实重复知盲和注意瞬脱有不同的特点。首先，注意瞬脱是对序列中不同的刺激进行加工，而重复知盲是对序列中呈现的相同刺激进行加工；再者，注意瞬脱的发生条件除快速的时间外，双任务及目标刺激本身需要消耗一定的注意资源也是必要的条件；另外，注意瞬脱和重复知盲发生的时程不一样，注意瞬脱效应在 lag2 处的效应量最大，重复知盲效应量则在 lag1 处最大。最重要的是，有学者认为注意瞬脱和重复知盲两者的发生机制不一样。Chun 认为，注意瞬脱是刺激进入工作记忆过程时编码失败的结果，重复知盲则是知觉加工中没有区别重复的两个刺激①。Dux 等人发现，注意瞬脱受中枢加工限制的影响，而重复知盲则受外周加工限制的影响②。Koivisto 等人使用 ERP 技术在研究中发现，注意瞬脱和重复知盲都存在知觉缺陷，但重复知盲的知觉缺陷更为严重③。也有学者认为，注意瞬脱和重复知盲虽然是分离的，但两种现象又存在相关关系，它们都反映了个体在意识加工中注意资源的有限性④，例如 Choi 等人在研究中通过颜色凸显训练对比了其对注意瞬脱和重复知盲的影

① Chun M M. Types and tokens in visual processing: A double dissociation between the attentional blink and repetition blindness[J]. Journal of experimental psychology: human perception and performance, 1997, 23(3): 738 – 755.

② Dux P E, René M. Repetition blindness is immune to the central bottleneck[J]. Psychonomic Bulletin & Review, 2007, 14(4): 729 – 734.

③ Koivisto M, Revonsuo A. Comparison of event – related potentials in attentional blink and repetition blindness[J]. Brain research, 2008(1189): 115 – 126.

④ Arnell K M, Shapiro K L. Attentional blink and repetition blindness[J]. Wiley interdisciplinary reviews: cognitive science, 2011, 2(3): 336 – 344.

响，结果发现两者都是受注意控制的影响结果，此结果也表明了重复知盲在某种程度上是注意瞬脱的衰败①。阅读障碍儿童的注意瞬脱研究已取得了显著的成果，而同样产生于快速信息加工过程中的重复知盲研究却极度缺乏。

另外，在进行快速文本阅读时，不可避免地会出现正字法、语音、语义的相同或者相似，特别是阅读障碍儿童在进行快速阅读时经常出现字词解码错误，将字混淆读错、读漏或者添字等现象屡见不鲜，这极大地阻碍了语义的通达及理解。这种现象是否是重复知盲发生的一种形式呢？在此意义上，对阅读障碍儿童重复知盲现象的探索，将帮助我们为阅读障碍儿童快速阅读提供更加有针对性的干预。

二、发生机制方面

重复知盲现象和儿童阅读障碍的发生有许多共同之处，这主要体现在非语言领域的视知觉、记忆、注意等认知加工方面，此部分内容在前面综述中已介绍，所以在此不加赘述。重复知盲的时间发生条件决定了它具有有限的生态效度，也就是说在日常生活中不会经常发生，但对它的研究依然有很重要的意义。一方面，以重复知盲为切入口研究其发生机制，将会对阅读障碍儿童的认知特征有更好的了解，提供阅读障碍儿童非语言影响因素的实证证据；另一方

① Choi H, Watanabe T. Can attenuation of attentional blink also evoke removal of repetition blindness? [J]. Vision research, 2014(99): 141 - 147.

面，通过对阅读障碍儿童这一特殊被试的研究，重复知盲的发生理论也会有更多角度的分析论证。

第四节　重复知盲问题的提出

一、前人研究存在的问题

当刺激以快速视觉呈现时，如果序列中存在两个重复的刺激，人们对第二个重复刺激的识别往往会出现识别困难，导致正确率下降，这一现象被称为“重复知盲”①。自被 Kanwisher 正式命名以来，研究者对它进行了大量的研究。在过去的 30 多年中，有关重复知盲的研究英文文献约 1500 篇，中文文献相对较少，约 30 篇。虽然国内的研究较少，但除了学位论文，其他文章基本都发表在《心理学报》《心理科学》等核心期刊上，由此可以看出它的研究成果的重要性。前人对重复知盲的研究主要集中在它的发生阶段、发生水平及影响因素几个方面，虽然研究成果颇为丰富，但仍存在一些不足和有争议的问题。本书在前人研究的基础上进行了梳理，以期为未来的研究提供方向。

① Coslett H B, Lie E. Simultanagnosia: Effects of semantic category and repetition blindness[J]. Neuropsychologia, 2008, 46(7): 1853 - 1863.

（一）重复知盲的发生机制方面

重复知盲自被发现以来，有关它的发生机制一直都是探讨的热点。早期，有关它的发生阶段是争论的热点，学者们通过使用不同的研究方法论证重复知盲到底发生在知觉阶段还是记忆阶段。而后期各理论在对前期理论整合的基础上，认为重复知盲既可以发生在知觉阶段又可以发生在记忆阶段，竞争理论用刺激的竞争力解释重复刺激的竞争失败，建构与归因理论则把重复刺激的加工失败归因于对加工情景的混淆。对各大理论进行分析后可以发现，它们在某些方面观点迥异，但彼此之间并不是完全独立的，在内容上存在着交叉性。如何对重复知盲的发生机制进行更好的整合，需要进行长期的努力探索。

（二）特殊群体被试方面

“重复知盲”被看作是研究个体认知过程的可靠途径，涉及知觉、记忆、注意及抑制等方面的认知特点。以特殊人群作为被试研究重复知盲现象，一方面能更好地发现该特殊群体的认知特征，另一方面能为重复知盲理论提供更加全面的解释，特别是特殊被试有关神经机制的研究为重复知盲的发生过程提供了有利的证据。但目前对特殊人群重复知盲的研究相对不足，取得的成果相对有限，未来应继续拓展对该领域的研究。

（三）认知因素对重复知盲的影响方面

重复知盲的普遍存在表明了个体存在认知的缺陷，但我们发现以往的研究往往都是从一个方面或者一个角度对重复知盲进行解释，缺乏有关多种认知因素对重复知盲的影响的系统的研究。同时，各认知因素在重复知盲中的作用有待进一步深入探讨。例如，在影响重复知盲的众多因素中，注意在重复知盲中的作用被广大学者所认同，从个体的主动注意分配角度进行研究的比较多，关于注意其他方面的论证相对较少。另外，大多数重复知盲发生理论都认同重复知盲的发生是源于对重复刺激的抑制，但抑制如何在重复知盲中发生作用没有系统、深入地研究。

（四）重复知盲在语言领域的研究方面

在重复知盲的研究中，涉及语言方面的实验材料是较多的，特别是国内的研究中实验材料大多是汉字，这些研究为重复知盲在语言领域的发生水平提供了证据。目前，研究基本上都聚焦于重复知盲的发生水平及特点，未来应根据各语言音、形、义的不同特点，对正字法、语音及语义三个水平间的相互作用进行进一步研究，这将为重复知盲在语言领域的应用提供更加深入的理论支撑。

（五）神经机制研究方面

认知神经机制的研究在心理学领域发挥着重要的作用，它与传统的行为实验相结合，深化了对众多认知现象的解释。目前对重复知盲的研究已经有事件相关电位、脑成像等技术的支持，研究结果揭示了重复知盲的发生和一定的脑区有密切的关联，但总体来说研究相对较少，且研究主要以少数的特殊人群作为被试，其研究成果有一定的局限性。另外，认知神经科学方法的使用对研究人员的专业性提出了较高的要求，在此背景下，重复知盲的认知神经机制研究还存在很大的发展空间。

二、问题的提出

基于以上研究成果及重复知盲的发展趋势，以阅读障碍儿童这一特殊群体作为对象，深入探讨其在快速信息加工过程中的认知特点是十分重要且有意义的。本书在前人研究的基础上提出了以下两大问题。

（一）阅读障碍儿童是否存在重复知盲效应，其基本特征如何

阅读障碍儿童作为一类特质性突出的人群，近年来在教育界、心理学界的研究越来越多，除了语言学方面的缺陷，非语言认知加工问题也逐渐成为研究热点。已有结果表明，阅读障碍儿童在感知觉、记忆、注意等方面存在明显缺陷，但搜索已有的文献发现，对比语言学方面的研究，阅读障碍儿童认知加工缺陷的实证研究较少，且存在实验方法单一、研究结果不够系统和完善等问题。本书希望通过对重复知盲现象的考察，比较系统地研究阅读障碍儿童的认知加工缺陷问题。

本书首先关注的是阅读障碍儿童是否会产生重复知盲现象。以往的研究表明，重复知盲现象的发生具有普遍性，但这些研究以成人被试为主，其中包括老人群体，涉及儿童的研究很少，目前还没有发现阅读障碍儿童的重复知盲研究。在快速阅读中，阅读障碍儿童经常发生读错字、漏字、语义不通达的现象。一些学者已经从不同角度对这一现象进行了相关解释，如：视觉拥挤效应从语言文字

本身的影响角度出发，表明了阅读障碍儿童和正常儿童存在着差异①，阅读障碍儿童快速命名的缺陷也进行了相关解释。从重复知盲的角度出发，我们发现在阅读材料中可能存在大量重复字、形似字、同音字，那么这是否阅读障碍儿童阅读困难的原因呢？这一问题引起了笔者极大的兴趣。

假如重复知盲存在，阅读障碍儿童重复知盲和正常儿童重复知盲的对比特征是本书关注的另一问题。已有研究表明，阅读障碍儿童存在明显的视知觉加工落后，在快速呈现的视觉信息加工中，阅读障碍儿童对比正常儿童存在明显的注意转换方面的缺陷，这在注意瞬脱现象中已被证实。在同样的实验范式中，把两个目标刺激由注意瞬脱中的不同变为相同会有什么发现呢？重复知盲的普遍存在反映了个体在认知加工过程中的局限性，阅读障碍儿童对比正常儿童存在知觉、记忆、注意等方面的明显缺陷，这些缺陷会导致阅读障碍儿童在重复知盲中有怎样的表现？无疑，这些问题的研究将为阅读障碍儿童的认知缺陷提供有力的实证支持。另外，鉴于阅读障碍儿童重复知盲的研究起步较晚，对其发生条件及特征的研究理应成为阅读障碍儿童重复知盲的发生机制及影响因素研究的基础。

（二）阅读障碍儿童重复知盲的发生机制是怎样的

儿童阅读障碍由于逐渐上升的发生率及其带来的严重危害成为了教育学、心理学等领域研究的热点，其中儿童阅读障碍的发生原

---

① 郭志英. 汉语发展性阅读障碍儿童视觉拥挤效应的研究[D]. 博士学位论文，天津：天津师范大学，2016.

因更是引发了学者们的兴趣。已有的研究结果显示，阅读障碍儿童存在众多语言学方面的缺陷，但同时有观点提出非语言的认知加工缺陷才是背后深层次的原因。如果阅读障碍儿童存在重复知盲现象，重复知盲的发生机制无疑将为阅读障碍的成因提供更多的理论支持。因此，除对阅读障碍儿童的重复知盲现象及其特征进行考察外，阅读障碍儿童重复知盲的发生机制也是本书另一重点关注的问题。

重复知盲的发生机制争议目前主要体现在两个方面：一方面围绕它的发生阶段，重复知盲到底发生在知觉阶段还是记忆阶段？或是知觉和记忆共同作用的结果？另一方面则避开了它的发生阶段，观点之争体现在对重复刺激加工失败的原因上，即重复知盲是由于对重复刺激的抑制还是归因错误？各理论观点不同，所以在解释各因素对重复知盲的影响时侧重点不一样，比如，强调刺激呈现时间及时间间隔对重复知盲的影响，多从标记个体化理论出发进行验证，强调刺激的不同编码效力对重复知盲的影响，在前期主要从标记个体化理论及类型节点不应期理论进行验证，到后期结合竞争假设理论进行验证的较多。在众多研究结果中，获得较多支持的是标记个体化理论和竞争假设两种理论。标记个体化理论认为重复知盲的发生是由知觉的缺陷引起的，竞争理论虽没有明确回答重复知盲的发生阶段，但实质上认为重复知盲既可以发生在知觉阶段，也可以发生在记忆阶段，强调重复知盲的发生是因为刺激在序列中的竞争力不同。虽然各理论侧重点不同，但研究也得出了一些共性的结论。比如，普遍认同重复知盲受注意资源分配影响。另外，各理论之间可以相互支持补充，如竞争假设理论强调刺激编码力对重复知盲的影响时，也经常结合标记个体化理论和类型节点不应期理论进行解释。

阅读障碍儿童重复知盲的内在发生机制是怎样的？对这一问题的研究，首先能为阅读障碍儿童存在的认知缺陷提供证据，同时也能为阅读障碍儿童的干预提供更多的理论支持。另外，除了对现有的理论进行验证外，还能通过对阅读障碍儿童这一特殊群体的研究获得一些新的研究成果，从而对现有的发生理论进行一定的补充。因此，对阅读障碍儿童重复知盲产生机制的探讨是十分必要且有意义的。

第五节　重复知盲研究目的及研究思路

一、研究目的

综合以上问题的提出，本书主要有两个研究目的。

第一，考察阅读障碍儿童是否存在重复知盲现象，如果存在，分析阅读障碍儿童重复知盲现象的基本特征。

第二，探讨阅读障碍儿童重复知盲的发生机制。首先针对重复知盲发生阶段的争议，通过操控目标刺激的序列位置探究其对重复知盲的影响，考察阅读障碍儿童重复知盲的发生阶段，根据结果分析符合阅读障碍儿童重复知盲发生机制的理论假设。然后在此基础上通过相关影响因素分析重复知盲的发生过程，对阅读障碍儿童重复知盲的发生理论进行进一步验证，同时考察阅读障碍儿童存在的认知加工缺陷。

二、研究思路

以研究目的为导向，本书设计了三个系列研究，共五个实验。研究一围绕阅读障碍儿童重复知盲的现象特征展开，研究二和研究三围绕阅读障碍儿童重复知盲的发生机制展开。具体如下：

研究一：阅读障碍儿童重复知盲的现象及其特征研究

此部分为实验1，通过探究刺激呈现时间和时间间隔对重复知盲的影响，验证阅读障碍儿童是否存在重复知盲现象，并通过与正常儿童的对比，考察阅读障碍儿童重复知盲发生的基本特征。

研究二：阅读障碍儿童重复知盲的发生阶段研究

此部分为实验2，针对重复知盲产生机制的发生阶段，通过探究不同目标刺激序列位置对重复知盲的影响，考察阅读障碍儿童重复知盲的发生阶段，即重复知盲的产生是知觉的失败还是记忆的失败，还是知觉和记忆共同作用的结果，然后根据实验结果分析符合阅读障碍儿童重复知盲的发生理论。研究二为研究三中不同影响因素对重复知盲理论机制的验证分析奠定了基础。

研究三：阅读障碍儿童重复知盲的影响因素研究

研究三在研究二的基础上，通过刺激编码效力对重复知盲的影响，对阅读障碍儿童重复知盲的发生理论进行了进一步的验证和分析，同时考察了重复知盲发生过程中阅读障碍儿童的注意分配、抑制水平及语义加工的认知特点。此部分共有三个实验。实验3考察了刺激物理编码属性对阅读障碍儿童重复知盲的影响，共分为两个子实验：实验 3a 操控了目标刺激和非目标刺激颜色的一致性；实验 3b 操控了目标刺激间颜色的一致性。实验 4 考察了刺激类别属性编码对阅读障碍儿童重复知盲的影响，也分为两个子实验：实验 4a 操控了目标刺激的不同类别；实验 4b 操控了非目标刺激的不同类别。实验 5 通过操控不同的情绪词考察了语义编码对阅读障碍儿童重复知盲的影响。

本研究的组织框架如图 1.3 所示：

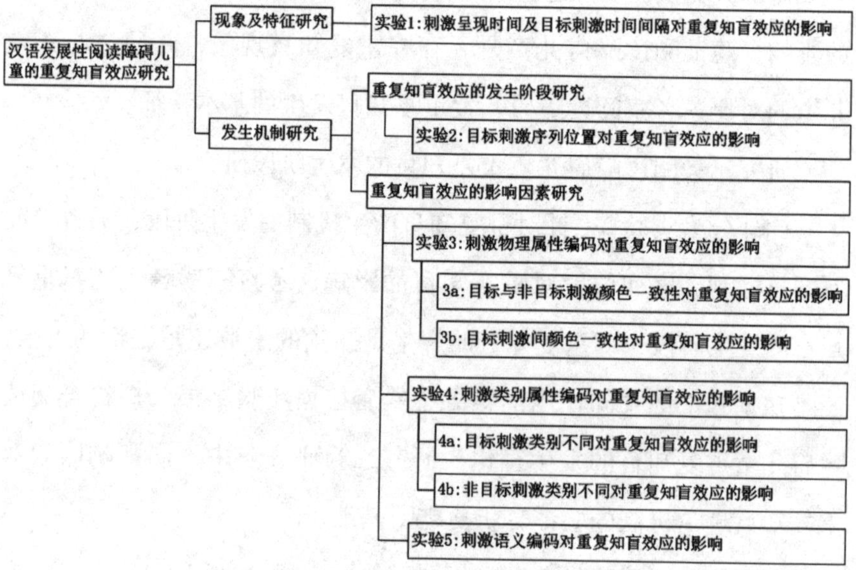

图 1.3　研究框架图

第二章　阅读障碍儿童重复知盲的现象特征研究（实验1）

快速信息加工过程是了解个体认知加工特点的重要窗口，研究表明，阅读障碍儿童在加工快速呈现的信息时，与普通儿童相比，存在明显的落后现象①。有观点认为，这种缺损的根本在于阅读障碍儿童存在着注意缺陷②。注意瞬脱使用经典的RSVP实验范式从时间维度上证明了阅读障碍儿童存在注意转换的缺陷。重复知盲的时间发生特点使其成为了解阅读障碍儿童认知特点的重要途径。但目前对阅读障碍儿童重复知盲的研究极其缺乏，阅读障碍儿童是否存在重复知盲现象还需进一步考察。重复知盲和注意瞬脱使用的是同一实验范式，当个体在正确识别目标刺激R1后很难在短时间内正确

① Farmer M E, Klein R M. The evidence for a temporal processing deficit linked to dyslexia: a review[J]. Psychonomic bulletin & review, 1995, 2(4): 460 - 493.

② Hari R, Renvall H. Impaired processing of rapid stimulus sequences in dyslexia[J]. Trends in cognitive sciences, 2001, 5(12): 525 - 532.

识别目标刺激 R2，从而发生了注意瞬脱现象，研究表明阅读障碍儿童通常需要更长的时间才能正确识别 R2①。在同一实验范式中，当目标刺激 R1 和 R2 重复时，重复知盲是否会发生？这一问题引起了笔者的极大关注。因此，本研究需要对阅读障碍儿童是否存在重复知盲进行验证。

以往研究表明，重复知盲的产生首先依赖于较快的刺激呈现速度，重复知盲只出现在有限的时间窗口内，因此刺激的呈现速率及时间间隔是探讨重复知盲发生的必要条件。Luo 等人发现，在英文信息加工中，重复知盲的狭窄时间窗口为 100 ~ 150 毫秒左右②③；王爱平等人在汉字加工中发现，重复知盲存在于 128 ~ 198 毫秒④。同时，大量研究也表明目标刺激间的时间间隔影响着重复知盲，当重复刺激 R1 和 R2 间隔为 lag1 时，重复知盲效应达到最大，但随着刺激呈现时间及时间间隔的增长，重复知盲效应呈现下降趋势直至消失⑤。

基于以上问题及前人研究成果，本实验采用经典的 RSVP 实验

---

① Badcock N A, Hogben J H, Fletcher J F. No differential attentional blink in dyslexia after controlling for baseline sensitivity[J]. Vision research, 2008, 48(13): 1497 - 1502.

② Kanwisher N. Repetition blindness: Type recognition with token individuation[J]. Cognition, 1987(27): 117 - 143.

③ Luo C R, Caramazza A. Repetition blindness under minimum memory load: effects of spatial and temporal proximity and the encoding effectiveness of the first item[J]. Perception & psychophysics, 1995, 57(7): 1053 - 1064.

④ 王爱平，张厚粲. 汉字加工中呈现速率对重复知盲效应的影响[J]. 心理科学，2005, 28(4): 809 - 811.

⑤ Park J, Kanwisher N. Determinants of repetition blindness[J]. Journal of experimental psychology: human perception and performance, 1994, 20(3): 500.

范式，通过设置不同的刺激呈现时间及时间间隔水平，验证阅读障碍儿童能否产生重复知盲现象，并通过与正常儿童的比较，考察其具体的发生条件及时间进程等特征。

第一节 阅读障碍儿童重复知盲现象的研究方法

一、被试情况

本章的被试选自山东省日照市四所小学的五年级共 13 个自然班，这四所学校的教学水平都处于当地中等水平。在进行阅读障碍儿童的筛选时，参照了前人的使用方法及标准①②③。首先，采用王孝玲、陶宝平编制的《小学生识字量测试题库及评价量表》进行测验④。该测验主要测试学生的词汇水平。测验根据难度分为 10 组，每组字数不等，被试需按要求组词，作答时间为 50 分钟，筛选识字量测验成绩低于该年级 1.5 个年级的学生。然后，采用张厚粲及王

① Shu H, McBride - Chang C, Wu S, et al. Understanding chinese developmental dyslexia: morphological awareness as a core cognitive construct[J]. Journal of educational psychology, 2006, 98(1): 122 - 133.

② Qian Y, Bi H Y. The effect of magnocellular - based visual - motor intervention on Chinese children with developmental dyslexia[J]. Frontiers in psychology, 2015(6): 1529.

③ 郭志英. 汉语发展性阅读障碍儿童视觉拥挤效应的研究[D]. 博士学位论文，天津：天津师范大学，2016.

④ 王孝玲，陶宝平. 小学生识字量测试题库及评价量表[M]. 上海：上海教育出版社，1996.

晓平修订的《瑞文标准推理测验手册（SPM－CR）》[①] 进行测验。该测验排除了语言因素的影响，目的是排除智力因素对阅读障碍的影响，筛选智力水平处于百分等级25%以上的学生。最后，通过和相应语文教师及班主任的沟通，确认选出的学生语文成绩至少连续两个学期落后于全班平均分1个标准差以下，且不是数学障碍或由于器质性病变及特殊家庭原因所导致的。本实验按照以上标准选取了17名阅读障碍儿童，同时选取了和阅读障碍儿童在同一年级的正常学生15名参加实验，所有被试均为右利手，以前从未参加过类似实验。被试基本情况如表2.1所示。

表2.1 实验1被试基本情况表（M±SD）

被试类型	年龄	识字量	智力分数（百分等级）
阅读障碍儿童	12.7±0.6	2365±281	53±17
正常儿童	12.4±0.4	3217±142	60±21

另外，分别对两组儿童的识字量、智力分数进行独立样本t检验，结果发现，正常儿童组的识字量显著高于阅读障碍组（$p < 0.05$），两组的智力分数不存在显著差异（$p > 0.05$）。

二、实验设计

在重复知盲发生过程中，刺激呈现时间大多根据1秒钟内呈现的刺激个数来设置，通常当刺激以250毫秒呈现（4个/秒）时，重

① 张厚粲，王晓平．瑞文标准推理测验手册（中国城市修订版）［M］．北京：北京师范大学出版社，1985．

复知盲效应大致会消失。那么，刺激到底以什么速率呈现开始产生重复知盲呢？各实验因实验材料的不同而有不同的结果。但综合来看，基本上重复知盲发生的时间窗口是100～150 毫秒，目标刺激 R1 和 R2 的时间间隔则通常根据序列中出现的刺激个数来设置。在正式实验前，为了更好地设置各自变量的水平，笔者对两组被试进行了预实验。结果表明当刺激呈现时间为90 毫秒时，两组被试均出现了地板效应。将预实验结果及前人研究结果相结合，实验 1 的刺激呈现时间以 100 毫秒（10 个/秒）作为最高速率。同时，为更好地考察重复知盲的时间进程，以 50 毫秒的递增规律分别设置了 100 毫秒（10 个/秒）、150 毫秒（约 7 个/秒）、200 毫秒（5 个/秒）及 250 毫秒（4 个/秒）四个水平，重复刺激间的时间间隔根据刺激数目设置为 lag1、lag2 及 lag3 三个水平。

实验 1 设计为 2（被试类型：阅读障碍组、正常儿童组）×2（重复性：重复、非重复）×4（刺激呈现时间：100 毫秒、150 毫秒、200 毫秒、250 毫秒）×3（时间间隔：lag1、lag2、lag3）四因素混合实验设计，其中被试类型为被试间变量，刺激呈现时间、时间间隔及重复性为被试内变量，因变量是判断有无重复刺激的正确率及各实验条件下的重复知盲效应量。

具体而言，在有重复的序列中，被试回答有重复，记为正确；而在无重复的序列中，被试回答无重复，记为正确。重复知盲效应量 = 非重复条件下正确率 - 重复条件下正确率。填充列表正确率不参与计算。

三、实验材料

目前国内有关重复知盲的研究，实验材料多以汉字及词语为主，忽视了符号、数字、字母等非汉字材料的认知加工，而阅读障碍儿童的认知加工特点受语言因素影响较大，因此有必要排除语言因素对实验1的影响。实验1选取“0、1、2、3、4、5、6、7、8、9”共10个阿拉伯数字为实验材料，数字均为“Times New Roman”字体，并通过 Photoscape 进行制作，图片像素为 640×480，白底黑字呈现在电脑显示屏上。每个序列中有5个数字刺激，重复条件和非重复条件各300个列表，100毫秒、150毫秒、200毫秒、250毫秒四种刺激呈现时间水平各150个列表，目标刺激 R1 和 R2 根据位置共组成3种时间间隔，分别为 lag1（1-3、2-4、3-5）、lag2（1-4、2-5）、lag3（1-5）。lag1、lag2、lag3 三种时间间隔水平上各200个列表。为避免被试的反应倾向，在正式实验材料中加入50个填充列表，填充刺激数量分别为6和4的序列各25条，均为非重复条件。

刺激材料举例见表2.2：

表2.2 刺激材料样例（lag1 条件下）

重复条件						非重复条件				
1	6	1	3	8		5	6	1	3	8

四、实验仪器

实验程序采用 Eprime2.0 编制，在联想 ThinkPad 翼 480 上运行，屏幕分辨率为1920×1080，被试距离屏幕50厘米，刺激字体采用“Times New Roman”，字体大小为36磅，视角为2.5°×2.5°。

五、实验程序

实验1采用E-prime 2.0进行编程，在RSVP实验范式中随机呈现刺激，所有刺激呈现在屏幕中央。被试距离屏幕50cm，在实验之前确保被试熟悉指导语，之后按空格键进入实验。实验流程如下：注视点“+”在屏幕中央出现1000毫秒后，在同一中心位置以100毫秒（150毫秒、200毫秒或250毫秒）的速率连续快速呈现5个数字刺激，在最后一个刺激消失后将呈现结束符“?”，结束符持续200毫秒消失后要求被试立即作出反应。在以往的研究中，对被试任务的设置主要分为两种情况：一种是报告法，要求被试写出看到的全部或部分刺激。对此本章专门设计了预实验，结果发现两组被试在此任务设置中均消耗时间较长，且报告的数字的正确率在两种条件下都很低，出现了地板效应。另一种是探测式报告，要求被试进行按键反应，如发现重复刺激则按数字键1，没有发现重复刺激则按数字键2。此种任务设置不能避免被试猜测的情况。为更好地考察被试在实验中的真实反应，实验1根据实验材料对按键反应任务进行了调整，改为如果发现刺激中存在重复数字则按相应的重复数字键，如果没有发现重复数字则按“X”键。在正式实验前，每个被试有20个试次的练习，直到熟练后才进入正式实验。正式实验每个被试需要完成600试次。整个实验大约持续40分钟，为缓解被试的疲劳，中间适当休息3~5分钟。为避免环境对实验的干扰，实验在安静、明亮的教室内进行。

实验流程图如下：

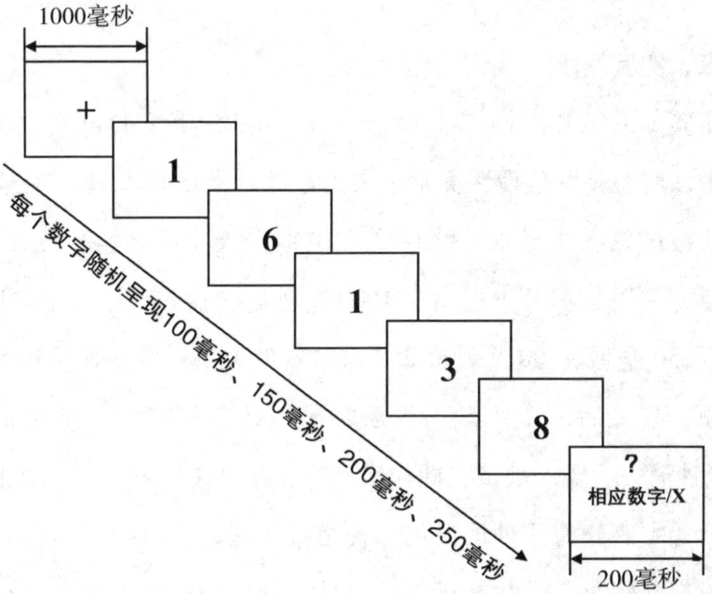

图 2.1　实验 1 流程图

第二节　阅读障碍儿童重复知盲现象的研究结果

实验 1 采用 SPSS 22.0 对收集的数据进行统计处理。首先根据 Bond 和 Andrews 提出的数据处理标准对所有数据进行预处理①，即在无重复刺激条件下，如果被试判断没有重复的正确率高于或等于

① Bond R, Andrews S. Repetition blindness in sentence contexts: not just an attribution? [J]. Memory & cognition, 2008, 36(2): 295 – 313.

50%，则认定被试是进行了认真判断而并非猜测，数据为有效的且被保留。后续所有实验的数据都将按照此标准进行筛选。按此标准实验1有3名阅读障碍儿童和1名正常儿童的数据不符合要求，剩余28名被试数据进入统计分析。计算所有被试各种条件下的平均正确率，非重复条件和重复条件下的差异越大表明重复知盲效应越大，反之重复知盲效应则越小。两组被试各实验水平下的正确率见表2.3。

表2.3　两组被试各实验条件下正确率的描述性统计（$N=28$，M±SD）

呈现时间	学生类型	重复条件			非重复条件		
		lag1	lag2	lag3	lag1	lag2	lag3
100毫秒	阅读障碍儿童	0.13±0.06	0.16±0.04	0.20±0.05	0.78±0.11	0.80±0.10	0.77±0.14
	正常儿童	0.25±0.08	0.28±0.09	0.35±0.11	0.83±0.08	0.82±0.08	0.81±0.07
150毫秒	阅读障碍儿童	0.23±0.09	0.27±0.07	0.33±0.09	0.77±0.18	0.75±0.14	0.78±0.12
	正常儿童	0.47±0.16	0.51±0.13	0.53±0.13	0.86±0.04	0.84±0.05	0.86±0.06
200毫秒	阅读障碍儿童	0.34±0.10	0.42±0.11	0.50±0.10	0.74±0.12	0.74±0.19	0.73±0.20
	正常儿童	0.57±0.13	0.68±0.11	0.72±0.08	0.82±0.11	0.84±0.08	0.82±0.08
250毫秒	阅读障碍儿童	0.59±0.16	0.63±0.14	0.69±0.12	0.78±0.15	0.79±0.12	0.80±0.10
	正常儿童	0.74±0.06	0.79±0.06	0.81±0.05	0.82±0.17	0.83±0.11	0.84±0.11

一、总主效应分析

笔者以被试反应正确率为因变量，进行了 2（学生类型）×2（重复性）×4（刺激呈现时间）×3（刺激时间间隔）的混合方差分析，其结果见表 2.4。

表 2.4 被试各实验条件下的方差分析表

差异来源	*df*	*MS*	*F*	*p*
刺激呈现时间：100 毫秒、150 毫秒、200 毫秒、250 毫秒	3	1.746	156.604	0.000
刺激时间间隔：lag1、lag2、lag3	3	0.134	79.706	0.000
重复性：重复、非重复	1	19.05	254.256	0.000
被试类型：正常儿童、阅读障碍儿童	1	2.503	16.887	0.000
重复类型×被试类型	1	0.652	8.703	0.007
呈现时间×被试类型	3	0.075	6.737	0.000
重复性×刺激呈现时间	3	1.776	182.969	0.000
重复性×刺激间隔时间	2	0.165	63.597	0.000
刺激呈现时间×刺激时间间隔	6	0.006	2.859	0.011
重复性×刺激呈现时间×刺激时间间隔	6	0.008	5.244	0.000

数据显示：学生类型的主效应显著，$F_{(1,26)}=16.89$，$p<0.001$，$\eta^2=0.394$，表现为正常儿童的正确率显著高于阅读障碍儿童。重复性主效应显著，$F_{(1,26)}=254.256$，$p<0.001$，$\eta^2=0.907$，表现为非重复条件下的正确率要显著高于重复条件下的正确率。刺激呈现时间主效应显著，$F_{(3,78)}=156.604$，$p<0.001$，$\eta^2=0.858$，多重比较发现，四种刺激呈现时间水平的正确率两两之间均存在显著性差异，

具体表现为随着呈现时间的增长各水平正确率均有显著提高。刺激时间间隔的主效应显著，$F_{(2,52)}=79.706$，$p<0.001$，$\eta^2=0.754$，具体表现为刺激时间间隔在 lag1 条件下的正确率显著低于 lag2 及 lag3 条件下的正确率，lag2 条件下的正确率显著低于 lag3 条件下的正确率。重复性和学生类型存在交互作用，$F_{(1,26)}=8.703$，$p<0.001$，$\eta^2=0.251$，简单效应检验结果显示，在重复条件下阅读障碍儿童的正确率显著低于正常儿童（$p<0.001$），在非重复条件下两者的差异不显著（$p>0.05$）。刺激呈现时间和学生类型存在交互作用，$F_{(3,78)}=6.737$，$p<0.001$，$\eta^2=0.206$，简单效应检验结果显示，正常儿童和阅读障碍儿童在不同刺激呈现时间水平上均有显著性差异，刺激呈现时间对两组被试的影响不同。重复性和刺激呈现时间存在交互作用，$F_{(2,52)}=182.969$，$p<0.001$，$\eta^2=0.876$，简单效应检验结果显示，在重复条件下四种刺激时间呈现水平间均存在显著性差异（$p<0.001$），在非重复条件下，四种刺激呈现时间两两水平间差异均不显著（$p>0.05$）。重复性和刺激时间间隔存在交互作用，$F_{(2,52)}=63.597$，$p<0.001$，$\eta^2=0.710$，简单效应检验结果显示，重复条件下三种刺激时间间隔水平间均存在显著性差异（$p<0.001$），在非重复条件下差异则均不显著（$p>0.05$）。呈现时间和时间间隔存在交互作用，$F_{(6,156)}=2.859$，$p<0.001$，$\eta^2=0.099$，简单效应检验结果显示，在 100 毫秒及 150 毫秒呈现时间上 lag1 和 lag2 时间间隔上的正确率无显著性差异（$p>0.05$），其他时间间隔两两水平间差异均显著（$p<0.05$），在 200 毫秒及 250 毫秒上各时间间隔水平间的差异均显著（$p<0.05$）。重复性、刺激呈现时间及刺激时间间

隔存在交互效应，$F_{(6,156)}=5.244$，$p<0.001$，$\eta^2=0.168$，简单效应检验结果表明，在重复条件下，当时间间隔分别为 lag1、lag2、lag3 时，刺激呈现时间两两水平间差异均显著（$p<0.001$），在非重复条件下，当时间间隔为 lag1、lag2、lag3 时，刺激呈现时间两两水平间差异均不显著（$p>0.05$）。各变量间其他二次、三次、四次的交互作用则不显著。

二、两组被试重复知盲特征分析

以上各主效应的结果是阅读障碍儿童和正常儿童共同作用的结果，由于实验 1 自变量较多，为更好地考察各组儿童重复知盲的现象特征，有必要将以上数据按照被试类型的不同分开进行统计分析。

首先，笔者考察了刺激呈现时间及时间间隔对阅读障碍儿童重复知盲的影响，对阅读障碍儿童又进行了 2（重复性）×4（呈现时间）×3（时间间隔）的重复测量方差分析，结果见表 2.5。

表 2.5 阅读障碍儿童在各实验条件下的方差分析表

差异来源	*df*	*MS*	*F*	*p*
重复性：重复、非重复	1	13.377	132.673	0.000
刺激呈现时间：100 毫秒、150 毫秒、200 毫秒、250 毫秒	3	0.866	60.164	0.000
刺激时间间隔：lag1、lag2、lag3	2	0.075	39.568	0.000
重复性×呈现时间	3	0.890	87.885	0.000
重复性×时间间隔	2	0.095	34.179	0.000
呈现时间×时间间隔	6	0.004	1.597	0.159
重复性×呈现时间×时间间隔	6	0.003	2.350	0.039

数据显示：阅读障碍儿童重复性主效应显著，$F_{(1,13)}=132.673$，$p<0.001$，$\eta^2=0.911$，表现为非重复条件下的正确率显著大于重复条件下的正确率，出现了明显的重复知盲。刺激呈现时间主效应显著，$F_{(3,39)}=60.164$，$p<0.001$，$\eta^2=0.822$，多重比较结果发现，四种刺激呈现时间水平两两间均有显著性差异（$p<0.001$），具体表现为随着刺激呈现时间的增长各水平上的正确率均有显著提高。刺激时间间隔主效应显著，$F_{(2,26)}=39.568$，$p<0.001$，$\eta^2=753$，表现为lag3水平下的正确率显著高于lag2水平（$p<0.001$），lag2水平下的正确率显著高于lag1水平（$p<0.01$）。重复性和刺激呈现时间存在交互效应，$F_{(3,39)}=87.885$，$p<0.001$，$\eta^2=0.871$，简单效应检验结果显示，在重复条件下四种刺激呈现水平两两间存在显著性差异（$p<0.001$），在非重复条件下各水平间则差异均不显著（$p<0.05$）。重复性和刺激时间间隔存在交互效应，$F_{(2,26)}=34.179$，$p<0.001$，$\eta^2=0.724$，简单效应检验结果显示，在重复条件下三种刺激时间间隔水平间存在显著性差异（$p<0.001$），在非重复条件下各水平间则差异均不显著（$p<0.05$）。重复性、刺激呈现时间和刺激时间间隔存在交互效应，$F_{(6,78)}=2.35$，$p<0.05$，$\eta^2=0.153$，简单效应检验结果显示，在重复条件下，当时间间隔分别为lag1、lag2、lag3时，刺激呈现时间两两水平间差异均显著（$p<0.001$），在非重复条件下，当时间间隔为lag1、lag2、lag3时，刺激呈现时间两两水平间差异均不显著（$p>0.05$）。其他变量间交互效应均不显著。各变量间交互作用图分别见图2.2、图2.3、图2.4。

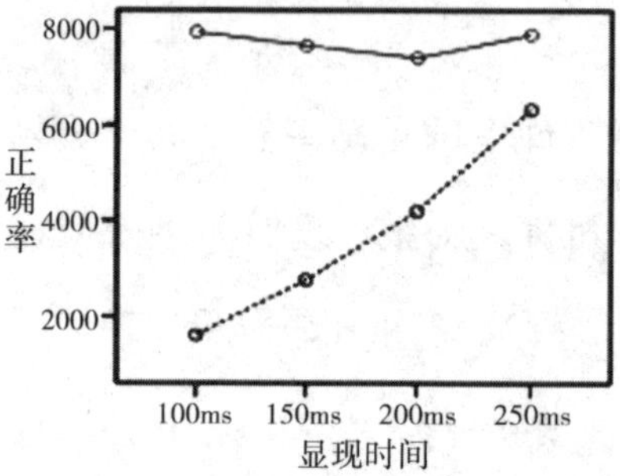

图 2.2 重复性与刺激呈现时间交互作用图

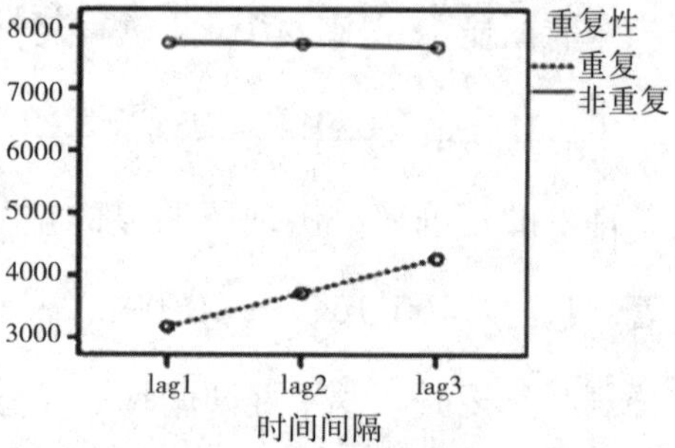

图 2.3 重复性与目标刺激时间间隔交互作用图

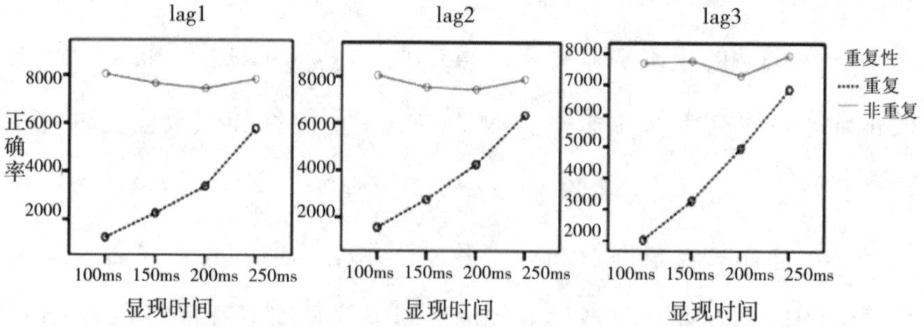

图 2.4 重复性、刺激呈现时间及目标刺激时间间隔的交互作用图

同时，为考察刺激呈现时间、刺激时间间隔对正常儿童重复知盲的影响，笔者对正常儿童进行了 2（重复性）×4（呈现时间）×3（时间间隔）的混合实验设计的方差分析，结果见表 2.6。

表 2.6 正常儿童各实验条件下的方差分析表

差异来源	*df*	*MS*	*F*	*p*
重复性：重复、非重复	1	6.327	129.025	0.000
刺激呈现时间：100 毫秒、150 毫秒、200 毫秒、250 毫秒	3	0.955	120.846	0.000
刺激时间间隔：lag1、lag2、lag3	2	0.060	40.696	0.000
重复性×呈现时间	3	0.893	96.072	0.000

续表

差异来源	*df*	*MS*	*F*	*p*
重复性×时间间隔	2	0.071	29.476	0.000
呈现时间×时间间隔	6	0.005	2.885	0.014
重复性×呈现时间×时间间隔	6	0.005	3.148	0.008

数据显示：重复性主效应显著，$F_{(1,13)} = 129.02$，$p < 0.001$，$\eta^2 = 0.908$，表现为非重复条件下的正确率显著大于重复条件下的正确率。刺激呈现时间主效应显著，$F_{(3,39)} = 120.846$，$p < 0.001$，$\eta^2 = 0.903$，多重比较发现，四种刺激呈现时间水平两两间均有显著性差异（$p < 0.001$），具体表现随着刺激呈现时间的增长各水平正确率均有显著提高。刺激时间间隔主效应显著，$F_{(2,26)} = 40.696$，$p < 0.001$，$\eta^2 = 0.758$，表现为 lag3 水平下的正确率显著高于 lag2 水平（$p < 0.001$），lag2 水平下的正确率显著高于 lag1 水平（$p < 0.01$）。重复性和刺激呈现时间存在交互效应，$F_{(3,39)} = 96.072$，$p < 0.001$，$\eta^2 = 0.881$，简单效应检验结果显示，当刺激呈现时间为 100 毫秒、150 毫秒、200 毫秒时，正常儿童在非重复条件下的正确率显著大于重复条件下的正确率，当刺激呈现时间为 250 毫秒时，非重复条件下的正确率和重复条件下的正确率差异不显著，重复知盲消失。重复性和刺激时间间隔存在交互效应，$F_{(2,26)} = 29.476$，$p < 0.001$，$\eta^2 = 0.694$，简单效应检验结果显示，在重复条件下三种刺激时间间隔水平两两间均存在显著性差异（$p < 0.001$），在非重复条件下各水平间差异则均不显著（$p < 0.05$）。呈现时间和刺激时间间隔存在交互效应，$F_{(6,78)} = 2.885$，$p < 0.05$，$\eta^2 = 0.182$，简单效应检验结果

显示，在100毫秒呈现时间水平上，lag1和lag2时间间隔的准确率无显著性差异（$p < 0.05$），其他时间间隔两两之间差异均显著（$p < 0.001$）；在150毫秒水平上lag1和lag3存在显著性差异，其他时间间隔两两之间无显著性差异；在200毫秒水平上lag2和lag3差异不显著，其他时间间隔两两之间均存在显著性差异；在250毫秒呈现时间水平上，lag1、lag2及lag2、lag3时间间隔间的准确率无显著性差异（$p > 0.05$），只有lag1和lag3之间差异显著（$p < 0.001$）。重复性、刺激呈现时间和刺激时间间隔交互作用显著，$F_{(6,78)} = 3.148$，$p < 0.05$，$\eta^2 = 0.195$，简单效应检验结果显示，在100毫秒、150毫秒和200毫秒3种刺激呈现时间条件下，目标刺激时间间隔分别为lag1、lag2、lag3时，非重复条件下的正确率都显著高于重复条件下的正确率（$p < 0.001$）；在250毫秒刺激呈现时间条件下，目标刺激时间间隔分别为lag1、lag2、lag3时，非重复条件下的正确率和重复条件下的正确率均无显著性差异（$p > 0.05$）。各变量交互作用图见图2.5、图2.6、图2.7和图2.8。

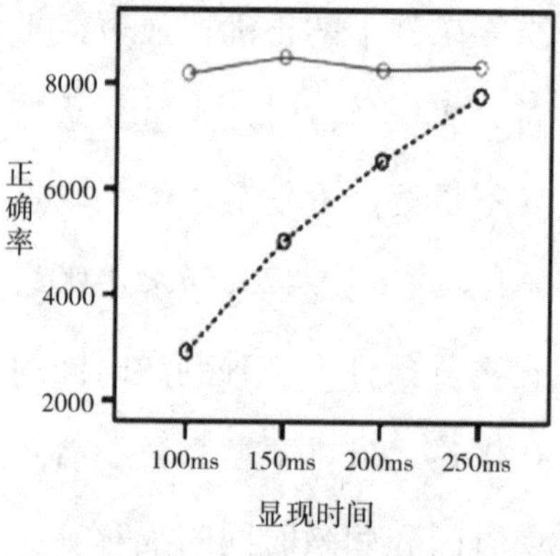

图2.5 重复性与刺激呈现时间的交互作用图

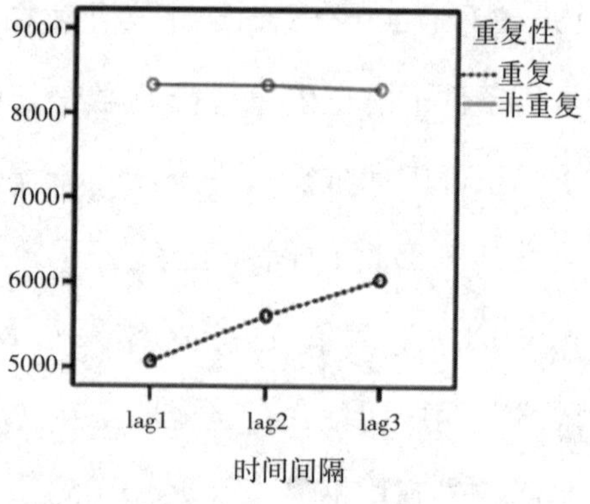

图2.6 重复性与目标刺激时间间隔的交互作用图

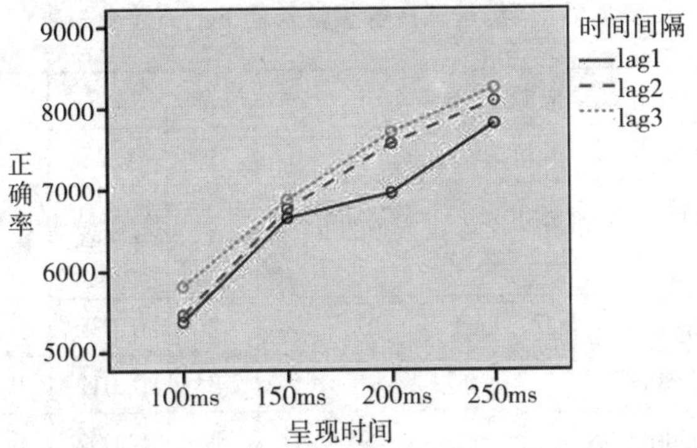

图 2.7　刺激呈现时间与目标刺激时间间隔的交互作用图

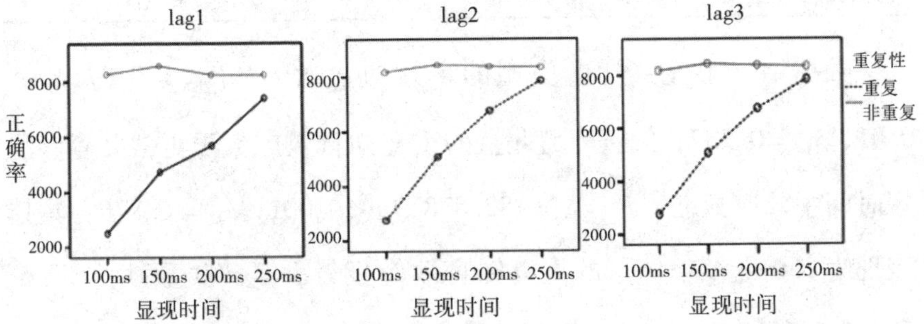

图 2.8　正常儿童重复性、目标刺激时间间隔及刺激呈现时间的交互作用图

三、两组被试重复知盲效应的差异比较

通过以上分析可知，阅读障碍儿童和正常儿童在一定时间条件下，非重复条件下的正确率都显著高于重复条件下的正确率，这表明两组被试都发生了重复知盲现象，但有两个问题尚未得出结论：一是两组被试的重复知盲效应比较情况如何；二是与正常儿童相比，阅读障碍儿童是否产生了更强的重复知盲效应。笔者以重复知盲效应为因变量，进行了2（被试类型）×4（呈现时间）×3（时间间隔）的混合实验设计的方差分析，其结果见表2.7。

表 2.7 两组被试在各实验条件下的方差分析表

差异来源	*df*	*MS*	*F*	*p*
被试类型：正常儿童、阅读障碍儿童	1	1.21	8.07	0.009
刺激呈现时间：100 毫秒、150 毫秒、200 毫秒、250 毫秒	3	3.553	182.878	0.000
刺激时间间隔：lag1、lag2、lag3	2	0.330	63.692	0.000
被试类型×呈现时间	3	0.012	0.638	0.593
被试类型×时间间隔	2	0.002	0.375	0.689
呈现时间×时间间隔	6	0.016	5.244	0.000
被试类型×呈现时间×时间间隔	6	0.001	0.341	0.914

数据结果显示：学生类型的主效应显著，$F_{(1,26)} = 8.07$，$p < 0.01$，$\eta^2 = 0.237$，阅读障碍儿童的重复知盲效应大于正常儿童。呈现时间主效应显著，$F_{(1,26)} = 182.878$，$p < 0.001$，$\eta^2 = 0.876$，具体表现为250 毫秒条件下的重复知盲效应显著大于 200 毫秒、150 毫秒、100 毫秒条件。时间间隔主效应显著，$F_{(1,26)} = 63.692$，$p < 0.001$，$\eta^2 = 0.710$，表现为时间间隔为 lag1 水平下的重复知盲效应大于 lag2、lag3 水平。呈现时间及时间间隔交互效应显著，$F_{(1,26)} = 5.244$，$p < 0.001$，$\eta^2 = 0.168$，简单效应检验结果显示，刺激呈现时间为 100 毫秒时，目标刺激时间间隔 lag1 时的重复知盲效应虽然大于 lag2 水平，但两水平间差异不显著，其他水平两两之间差异显著，lag1 时的重复知盲效应显著大于 lag3 时，lag2 时的重复知盲效应也显著大于 lag3；刺激呈现时间为 150 毫秒时，目标刺激时间间隔 lag2 时的重复知盲效应虽然大于 lag3 水平，但两水平间差异不显著，lag1 时的重复知盲效应分别显著大于 lag2 和 lag3 时，在 200 毫秒和 250

毫秒处目标刺激间隔水平两两之间的差异均显著，且 lag1 水平上的重复知盲效应依次大于 lag2 和 lag3 水平。其他变量间交互效应不显著。刺激呈现时间及目标刺激的交互作用图如图 2.9 所示。

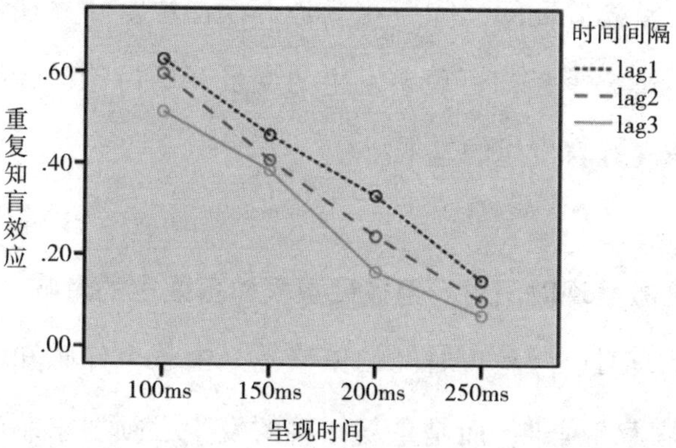

图 2.9　刺激呈现时间与目标刺激时间间隔的交互作用图

第三节　阅读障碍儿童重复知盲现象的分析讨论

为避免语言学因素的影响，实验 1 采用阿拉伯数字作为实验材料对阅读障碍儿童能否发生重复知盲现象进行了验证，结果表明阅读障碍儿童和正常儿童一样，在一定时间条件下，重复条件的正确率和非重复条件下存在显著性差异，产生了重复知盲，此结果为重复知盲发生的普遍性增加了较小年龄组的证据。同时，实验 1 将阅读障碍儿童和正常儿童进行了比较，其结果揭示了阅读障碍儿童重复知盲现象的基本特征，表明了阅读障碍儿童在非语言领域存在的认知加工缺陷。研究表明，刺激呈现时间和目标刺激时间间隔是重复知盲现象发生的必要条件和影响因素，由于影响重复知盲效应的因素有很多，为避免一个实验中过多变量的存在，很多研究中都只控制了刺激呈现时间及目标刺激时间间隔这两个变量。实验 1 围绕实验目的，首先验证阅读障碍儿童是否存在重复知盲现象，所以非常有必要从影响重复知盲现象发生的变量开始讨论，继而揭示阅读障碍儿童重复知盲发生的基本特征。

一、刺激呈现时间对两组被试重复知盲效应的影响

重复知盲对刺激呈现时间的依赖不是由于个体感知刺激项目时存在一定程度的困难，而是重复知盲的发生必须要求刺激呈现时间达到一个最低值①。大量研究显示重复知盲的发生依赖于一定的时间窗口，在这个窗口外，重复知盲就会消失②。许多研究表明这一结论不受制于实验材料及任务难度的局限，而本章以儿童作为被试也验证了这一观点。研究结果显示，阅读障碍儿童和正常儿童都产生了重复知盲现象，目标刺激呈现时间主效应显著，刺激呈现时间对重复知盲产生了显著的影响。具体表现为，两组儿童的重复知盲效应随着刺激呈现时间的增长呈现逐渐下降的趋势，这与前人的众多研究结果一致。在较快的时间速率水平上，两组儿童在重复条件下的正确率都比较低；在较慢的时间速率水平上，两组儿童重复条

① Park J, Kanwisher N. Determinants of repetition blindness[J]. Journal of experimental psychology: human perception and performance, 1994, 20(3): 500 - 519.

② Kanwisher N. Repetition blindness: type recognition without token individuation[J]. Cognition, 1987, 27(2): 117 - 143.

件下的正确率都有了显著提高。另外，对比王爱平在研究中总结的汉字和字母在重复条件下的正确率①，我们发现以数字为实验材料，在目标刺激时间间隔同为lag1的条件下，儿童重复条件下的正确率高于高频汉字，结果似乎与儿童这一年龄的认知局限不符，这与本章实验中的相对简单的探测任务及数字本身的加工难度有关。

笔者还发现呈现速率对两组被试的影响是不一样的，正常儿童的刺激呈现时间和重复性存在交互作用，在250毫秒呈现时间条件下，lag1、lag2和lag3水平上重复条件下的正确率和非重复条件下没有显著性差异，重复知盲现象消失。这和前人的大部分研究结果一致，在拼音文字的重复知盲研究中，Kanwisher发现当刺激呈现时间为250毫秒时重复知盲消失②，在汉字加工中王爱平发现重复知盲在刺激呈现254毫秒时将消失③，但黄健辉等人却发现当刺激以200毫秒呈现时，重复效应不仅消失，而且出现了重复启动效应④，这可能与他的实验材料刺激序列只包含两个字和一个掩蔽星号有关。结果同时发现，阅读障碍儿童在刺激呈现时间为250毫秒时，重复条件下的正确率和非重复条件下差异仍显著，重复知盲没有像正常儿童一样消失。阅读障碍儿童在知觉、记忆方面的加工对比正常儿童

① 王爱平，张厚粲．汉字加工中呈现速率对重复知盲效应的影响［J］．心理科学，2005，28（4）：809－811．

② Kanwisher N G. Repetition blindness：Type recognition without token individuation［J］. Cognition，1987，27（2）：117－143．

③ 王爱平，张厚粲．汉字加工中呈现速率对重复知盲效应的影响［J］．心理科学，2005，28（4）：809－811．

④ 黄健辉，陈烜之．重复知盲：刺激呈现时间及作业对反应时的影响［J］．心理学报，1997，29（4）：345－349．

均表现出明显的落后①，当对快速呈现的信息进行加工时对知觉、记忆等水平的要求都很高，阅读障碍儿童表现出明显的加工不足。本研究受限于刺激呈现时间水平的设置，没有精确地测出两组被试儿童出现重复知盲的时间范围，但结合预实验在90毫秒呈现时间上两组被试都出现了地板效应。就本实验结果反映的重复知盲发生时间趋势来看，阅读障碍儿童重复知盲消失的时间要比正常儿童晚，这表明阅读障碍儿童重复知盲的持续时间要比正常儿童长，这也同时反映了阅读障碍儿童需要更长的视觉信息加工时间。Taylor等人通过ERP发现，在词汇判断任务中对比正常组，N200和P300在阅读障碍组的潜伏期更长，他认为这种差异反映了阅读障碍儿童视觉加工时间的滞后，这和本章的研究结果相吻合②。另外，此结果也和以特殊群体为被试的研究结果有一致性，研究发现，小脑损伤者的重复知盲表现出了更长的持续时间③。本章的研究结果同时显示，被试类型主效应显著，且被试类型和刺激呈现时间没有产生交互作用，这表明在各种刺激呈现时间实验条件下，阅读障碍儿童重复知盲效应均显著大于正常儿童。这一结果与存在认知缺陷的特殊人群和正常人对比的结果一致，如老年人的重复知盲效应大于青年人④。

---

① 刘翔平，侯典牧，杨双，等. 阅读障碍儿童汉字认知特点研究[J]. 心理发展与教育，2004，20(2)：7－11.

② Taylor M J, Keenan N K. Event－related potentials to visual and language stimuli in normal and dyslexic children[J]. Psychophysiology, 1990, 27(3): 318－327.

③ Jiang Y, Tian Y, Wang K. The change of attentional blink and repetition blindness after cerebellar lesions[J]. Journal of clinical neuroscience, 2013, 20(12): 1742－1746.

④ Tyrrell C J, James L E, Noble P M. Repetition blindness and homophone blindness in young and older adults[J]. Aging, neuropsychology, and cognition, 2016, 23(6): 651－666.

二、时间间隔对两组被试重复知盲效应的影响

在一定的刺激呈现时间条件下，目标刺激的时间间隔是重复知盲产生的另一重要条件，它显著地影响着重复知盲的强弱或有无①。相邻两个重复刺激序列中没有产生重复知盲，当时间间隔为 lag1 时，重复知盲效应达到最大值，且随着时间间隔的增大，重复知盲效应呈现下降趋势直至消失②。本章的研究结果与此结论相一致，具体表现为目标刺激时间间隔主效应显著，重复知盲效应随着目标刺激时间间隔的增长呈现逐渐下降的趋势，两组儿童在目标刺激时间间隔为 lag1 时的重复知盲效应最大，显著地高于目标刺激时间间隔在 lag2 和 lag3 水平时。

本章的研究结果显示，在重复条件下各时间间隔水平间正确率差异显著，而在非重复条件下各时间间隔水平间的差异则不显著，这与 Park 等人的研究结论相一致③。另外，在考察各自变量对重复知盲正确率的影响时，我们发现正常儿童刺激呈现时间和目标刺激时间间隔存在交互作用，而阅读障碍儿童这两个变量的交互作用则不显著。在呈现速率较快的 100 毫秒及 150 毫秒处，正常儿童在目

① Kanwisher N G. Repetition blindness: Type recognition without token individuation[J]. Cognition, 1987, 27(2): 117 - 143.

② Luo C R, Caramazza A. Temporal and spatial repetition blindness: effects of presentation mode and repetition lag on the perception of repeated items[J]. Journal of experimental psychology: human perception and performance, 1996, 22(1): 95 - 113.

③ Park J, Kanwisher N. Determinants of repetition blindness[J]. Journal of experimental psychology: human perception and performance, 1994, 20(3): 500 - 519.

标刺激时间间隔为 lag1 时的正确率虽然高于 lag2 水平时，但由于刺激呈现速度较快，无法形成显著性差异，同样在高速率的 250 毫秒处这两个时间间隔水平间的差异也不显著，只有在居中速率 200 毫秒处，这两者的差异才体现出来。而对于阅读障碍儿童，刺激呈现时间和目标刺激间隔对正确率的影响却表现出了一致性。同时在以重复知盲效应为因变量的方差分析中，也发现了刺激呈现时间和目标时间间隔的交互作用，这表明在不同的刺激呈现时间条件下，时间间隔对重复知盲的影响表现出了差异。本章的研究结果显示，正常儿童重复知盲消失的间隔时间和前人研究结果出现了不一致，如 Hochhars 发现只有 ISI 在 250 毫秒时重复知盲效应才存在①，这可能是由于在不同的实验中变量设计不同以及实验 1 中被试的年龄比较大。

在以往研究刺激呈现时间和目标刺激时间间隔对重复知盲的影响时，学者们大多从个体存在知觉缺陷的角度进行分析，比如用标记个体化理论认为，被试在很短的时间内很难对 R1 后的 R2 进行个体化，但随着时间的增长，被试能较好地识别两者是两个不同的个体，从而增强了对 R2 的个体化加工；用类型节点不应期理论则解释为 R1 的编码表征被激活时会诱导一个不应期，在刺激呈现时间较短的条件下，由于相同刺激 R2 和 R1 间隔较短，R2 很容易在 R1 被激活的不应期内，导致出现重复知盲，但随着刺激呈现时间及目标刺激时间间隔的延长，R1 的表征不应期可能结束，对 R2 的加工则相

① Hochhaus L, Marohn K M. Repetition blindness depends on perceptual capture and token individuation failure[J]. Journal of experimental psychology: human perception and performance, 1991, 17(2): 422 – 432.

对充分，重复知盲效应也会相应出现下降趋势。

以上内容解释了刺激呈现时间和目标刺激时间间隔对两组被试重复知盲的影响，其结果存在着一致性，两组被试都存在重复知盲现象，且重复知盲效应随着刺激呈现时间及目标刺激时间间隔的延长而呈现下降趋势；其结果的不一致性主要体现在两组被试的重复知盲效应量存在差异，并且两组被试重复知盲产生的时间进程也存在差异，此结果也和阅读障碍儿童的时间知觉缺陷一致，阅读障碍儿童需要比正常儿童更长的时间对快速呈现的刺激进行有效的辨别①。特别值得一提的是，并不是满足了一定的刺激呈现时间及目标刺激间隔条件重复知盲就一定会发生，研究表明可以通过增强目标刺激 R2 的情景特异性、改变实验任务等方法来消除重复知盲②。

实验1结果表明：

阅读障碍儿童和正常儿童一样在一定时间条件下均产生了重复知盲。

阅读障碍儿童的重复知盲效应随着刺激呈现时间及时间间隔的延长而逐渐下降。

在同一实验条件下，阅读障碍儿童的重复知盲效应比正常儿童大。

阅读障碍儿童重复知盲的持续时间比正常儿童长。

---

① De M S, Espesser R, Rey V, et al. The "temporal processing deficit" hypothesis in dyslexia: new experimental evidence[J]. Brain & cognition, 2001, 46(1): 104 - 108.

② Chun M M, Potter M C. Interference in detecting multiple targets in a sequence: A dissociation between the attentional blink and repetition blindness[J]. Investigative ophthalmology & visual science. 1993, 34(4): 1223 - 1232.

第三章　目标刺激序列位置对阅读障碍儿童重复知盲效应的影响（实验2）

自重复知盲的概念被Kanwisher正式提出以来，重复知盲的发生阶段就成为重复知盲发生机制讨论的热点。目前，学界对此还未形成统一的结论。主张发生在知觉阶段的观点认为，重复知盲是由于知觉的加工缺陷引起的，个体根本没有看见重复刺激，支持该观点的主要理论有标记个体化理论、类型节点不应期理论；主张发生在记忆阶段的观点认为，重复知盲是记忆的提取失败引起的，个体对重复刺激进行了知觉加工，但在回忆提取时发生了错误，支持该观点的理论是潜在提取理论；另外，还有一种观点认为，重复知盲既可以发生在知觉阶段，也可以发生在记忆阶段，重复知盲可以是知觉和记忆共同作用的结果，支持此观点的理论主要是竞争假设①。

① Arnell K M, Shapiro K L, Sorensen R E. Reduced repetition blindness for one's own name[J]. Visual cognition, 1999, 6(6): 609-635.

建构与归因理论对重复知盲发生阶段的解释不一，有观点认为两个重复刺激在知觉阶段被加工的深度一样，在提取的时候重复刺激被看作先前发生的刺激，从而没有被区分开来，导致了重复刺激的漏报，所以认为重复知盲是发生在记忆的提取阶段的，也有观点认为建构与归因理论支持重复知盲是知觉和记忆共同作用的结果，知觉加工过程中同样会出现归因的失败①。

除发生理论本身对发生阶段的探讨，学者们通过大量的研究对重复知盲的发生阶段进行了论证。其中目标刺激的位置是影响重复知盲的重要因素，梳理前人的研究成果可发现，通过操控目标刺激的序列位置对重复知盲的影响能揭示重复知盲的发生阶段。假若重复知盲效应不受目标刺激序列位置的影响，则表明重复知盲的发生是知觉加工的缺陷引起的。如果重复知盲效应因为目标刺激序列位置的不同而产生变化，则表明重复知盲受到了记忆提取的影响。

目前，国外针对目标序列位置的研究很少，国内相关研究也出现了结论不一的现象。郭亚桥等人发现重复刺激处于两端的重复知盲效应大于中间位置，未出现首因效应和末尾效应，该研究对此的解释是受记忆的影响，两端的刺激具有较强的识别优势，但同时受知觉缺陷的影响，个体对第二个重复刺激的加工不足，导致整体识别率降低，因此他认为重复知盲是知觉和记忆共同作用的结果②。

① 武悦，王爱平．汉字部件水平的重复知盲效应［J］．心理科学，2015，38（2）：296－302．

② 郭亚桥，王丽丽，邱江，等．重复知盲现象中的序列位置效应［J］．西南大学学报，2008，30（10）：160－163．

岳培娜在研究情绪词的RB中发现，成年早期个体位于刺激序列两端的重复知盲效应显著强于中间位置的重复知盲效应①。冷英等人在研究中却发现尾部位置的RB效应显著小于中部，对此结果的解释为当个体意识到不再有新刺激出现的时候，受注意资源分配特点的影响，个体将对最后出现的重复刺激投注更多的注意资源，因此重复知盲发生在记忆阶段②。

实验1结果显示在不同的刺激呈现时间及一定的间隔时间条件下，阅读障碍儿童会出现重复知盲效应。那么，阅读障碍儿童的重复知盲产生在哪个阶段呢？以此为实验目的，实验2将操控目标刺激不同的序列位置，以分析其对阅读障碍儿童重复知盲的影响，从而为阅读障碍儿童重复知盲的发生阶段提供依据。

研究表明，阅读障碍儿童在知觉和记忆两个方面都存在明显的认知缺陷，同时结合前人研究，本章的研究假设为：两组被试目标刺激的序列位置均会对重复知盲产生影响；阅读障碍儿童目标刺激置于两端时的重复知盲效应大于中间位置，正常儿童目标刺激置于两端时的重复知盲效应小于中间位置；阅读障碍儿童在目标刺激各序列位置上的重复知盲效应均大于正常儿童。

---

① 岳培娜. 情绪词的重复知盲效应[D]. 硕士学位论文,开封:河南大学,2015.

② 冷英,谭小英,曾庆,等. 重复刺激的末位优势效应[J]. 心理学报,2012,44(6):766－776.

第一节　目标刺激序列位置对阅读障碍儿童重复知盲效应的研究方法

一、被试情况

参加实验1的被试同样参加实验2，为避免疲劳效应，两次实验中间间隔3天。

二、实验设计

实验2为2（被试类型：阅读障碍组、正常儿童组）×2（重复条件：重复、非重复）×4（目标刺激序列位置：1－3、2－4、3－5、4－6）三因素混合实验设计，其中被试类型为被试间变量，重复条件及目标刺激序列位置为被试内变量，因变量是判断有无重复刺激的正确率及重复知盲效应量。

具体而言，在有重复的序列中，被试回答有重复，记为正确；而在无重复的序列中，被试回答无重复，记为正确。重复知盲效应量＝非重复条件下正确率－重复条件下正确率。填充列表正确率不参与计算。

三、实验材料

本实验材料与实验1相同，均为0、1、2、3、4、5、6、7、8、

9十个阿拉伯数字，数字均为“Times New Roman”字体，并经过Photoscape制作，图片像素为640×480，白底黑字呈现在电脑显示屏上。为避免和实验1重复，同时增加实验的递推性，参照前人做法将本实验每个序列的刺激数由实验1中的5个变为6个①，重复条件和非重复条件各占一半。本实验中每个被试需接受8种实验水平的处理，每种实验水平上需完成30个列表。为避免被试的反应倾向，在正式列表中增加50条填充列表，均为非重复条件，其反应结果不参与计算，再加上正式实验前的10个试次练习，整个实验被试需完成300个试次。为避免本实验中变量太多，笔者控制了刺激呈现时间及目标刺激间隔数这两个变量，刺激呈现时间为150毫秒，目标刺激时间间隔为lag1的水平，目标刺激R1及R2分别平均分配在序列1-3、2-4、3-5及4-6的位置上。实验材料举例如表3.1：

表3.1 实验材料举例

目标序列位置	重复条件	非重复条件
1-3位置	252836	254836
2-4位置	356597	356497
3-5位置	648183	648163
4-6位置	417393	417398

四、实验仪器

实验2仪器同实验1。

---

① 冷英，谭小英，曾庆，等. 重复刺激的末位优势效应[J]. 心理学报，2012，44(6)：766-776.

五、实验程序

首先，注视点“+”在电脑屏幕中心出现1000毫秒，然后在同一中心位置将连续快速呈现6个序列刺激，每个刺激呈现时间为150毫秒，在最后一个刺激消失后将呈现结束符“?”，结束符持续200毫秒，结束后要求被试立即对实验作出反应。实验任务指导语和实验1相同，如果发现刺激中存在重复数字则按对应重复数字键，如果没有发现重复数字则按字母“X”键。在正式实验前，每个被试有10个试次的练习，直到熟练后方可进入正式实验。正式实验每个被试需要完成包括填充列表的300个试次。整个实验大约持续25分钟，为缓解被试的疲劳，中间休息2分钟。为避免环境因素对实验的影响，实验在安静、明亮的教室内进行。

实验流程如图3.1所示（以目标刺激序列位置1-3为例）：

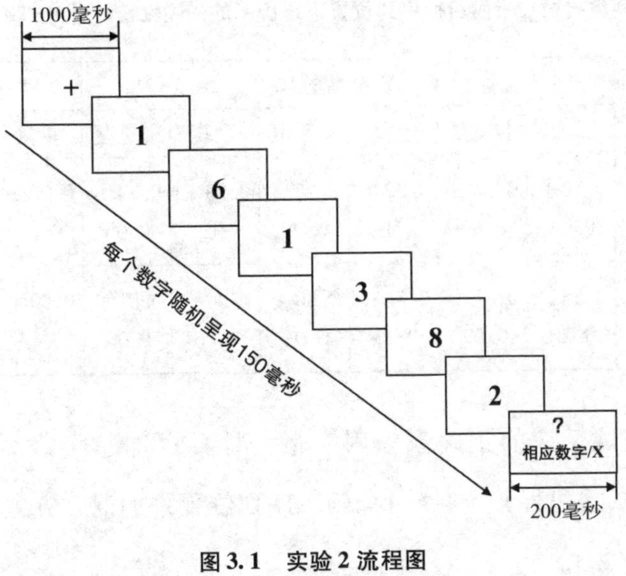

图3.1　实验2流程图

第二节　目标刺激序列位置对阅读障碍儿童重复知盲效应的研究结果

实验2采用SPSS 22.0对收集到的数据进行统计处理。对所有数据进行预处理的方法同实验1。实验2结果发现，按此标准有3名阅读障碍儿童和1名正常儿童数据不符合要求，剩余28名被试数据进入统计分析。计算被试各种条件下的平均正确率，然后计算重复知盲效应值。非重复条件下与重复条件下的正确率差值即为重复知盲效应，差值越小，表示重复知盲效应越小；差值越大，表示重复知盲效应越大。在各种实验条件下，被试报告正确率见表3.2。

表3.2　两组被试在不同目标序列位置下正确率的描述性统计（$N=28$，M ± SD）

被试类型	1－3位置		2－4位置		3－5位置		4－6位置	
	重复	非重复	重复	非重复	重复	非重复	重复	非重复
阅读障碍儿童	0.18 ± 0.06	0.76 ± 0.07	0.22 ± 0.19	0.75 ± 0.09	0.28 ± 0.06	0.74 ± 0.06	0.20 ± 0.08	0.77 ± 0.12
正常儿童	0.55 ± 0.25	0.81 ± 0.09	0.38 ± 0.13	0.80 ± 0.04	0.30 ± 0.06	0.81 ± 0.06	0.50 ± 0.14	0.81 ± 0.05

以被试反应的正确率为因变量，对实验2进行了2（被试类型）×2（重复性）×4（目标刺激序列位置）的混合方差分析，其结果见表3.3。

表3.3　两组被试各实验条件下的方差分析表

差异来源	*df*	*MS*	*F*	*p*
目标刺激序列位置：1－3、2－4、3－5、4－6	3	0.027	4.279	0.008
重复性：重复、非重复	1	11.589	560.183	0.000
被试类型：正常儿童、阅读障碍儿童	1	0.986	38.106	0.000
重复性×被试类型	1	0.380	18.353	0.000
目标刺激序列位置×被试类型	3	0.073	11.709	0.000
目标刺激序列位置×重复性×被试类型	3	0.092	13.4916	0.001

数据结果显示：被试类型主效应显著，$F_{(1,26)} = 38.106$，$p < 0.001$，$\eta^2 = 0.594$，表现为正常儿童的正确率显著高于阅读障碍儿童。重复性主效应显著，$F_{(1,26)} = 560.183$，$p < 0.001$，$\eta^2 = 0.956$，表现为在非重复条件下学生的正确率显著高于重复条件。序列位置主效应显著，$F_{(3,78)} = 4.279$，$p < 0.01$，$\eta^2 = 0.141$，多重比较发现，目标刺激序列位置1－3和4－6水平间差异不显著（$p > 0.05$），序列位置2－4和3－5水平间差异也不显著（$p > 0.05$），其他水平两两之间差异均显著（$p < 0.05$）。重复性和被试类型存在交互作用，$F_{(1,26)} = 18.353$，$p < 0.001$，$\eta^2 = 0.414$，简单效应检验结果发现，在重复条件下阅读障碍儿童正确率显著低于正常儿童（$p < 0.001$），在非重复条件下和正常儿童差异不显著。目标刺激序列位置和被试类型存在交互作用，$F_{(3,78)} = 11.709$，$p < 0.001$，$\eta^2 = 0.311$，简单效应检验结果发现，正常儿童除在目标序列位置1－3和4－6水平上的正确率无显著性差异外（$p > 0.05$），其他序列位置水平间的差异均

显著（$p<0.001$），且两端位置的正确率显著大于中间位置；阅读障碍儿童在目标序列位置3－5的正确率显著高于1－3位置，其他水平两两之间差异则均不显著（$p>0.05$）。重复性、刺激序列位置、学生类型三者存在交互作用，$F_{(3,78)}=13.49$，$p<0.001$，$\eta^2=0.349$，进一步简单效应检验发现，在重复条件下，两组被试在3－5序列位置上的正确率不存在显著性差异，其他序列位置水平间的差异均显著（$p<0.001$），且正常儿童的正确率显著高于阅读障碍儿童；在非重复条件下，两组被试在四个序列位置间的差异均不显著。简单效应图如图3.2所示：

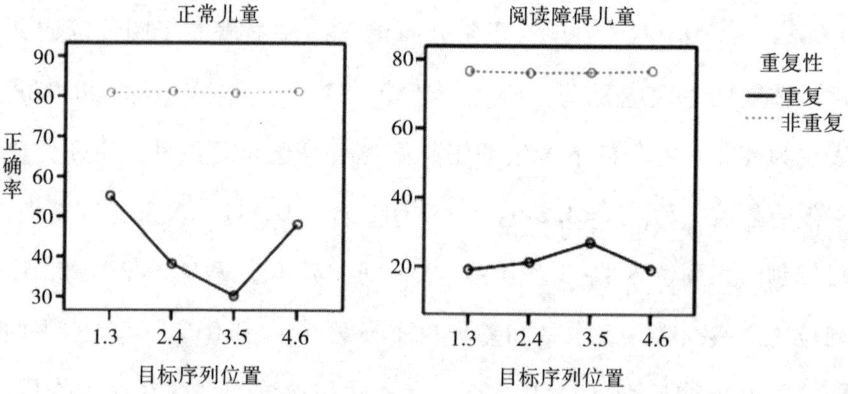

图3.2 被试类型与目标刺激序列位置的交互作用

以上分析以重复条件下的正确率为因变量，为了更好地考察目标序列位置对重复知盲效应的影响，笔者还以重复知盲效应量为因变量，进行了2（被试类型）×4（目标刺激序列位置）的混合方差分析，结果见表3.4。

表3.4 两组被试在目标序列位置上的重复知盲效应方差分析

差异来源	*df*	*MS*	*F*	*p*
目标刺激序列位置：1－3、2－4、3－5、4－6	3	0.027	2.059	0.000
被试类型：正常儿童、阅读障碍儿童	1	0.760	18.361	0.000
目标刺激序列位置×被试	3	0.185	13.920	0.000

数据显示：被试类型主效应显著，$F_{(1,26)} = 18.361$，$p < 0.001$，$\eta^2 = 0.414$，具体表现为阅读障碍儿童的重复知盲效应显著大于正常儿童。目标序列位置主效应不显著，$F_{(3,78)} = 2.059$，$p > 0.05$，$\eta^2 = 0.037$。被试类型和目标序列位置交互效应显著，$F_{(3,78)} = 13.92$，$p < 0.001$，$\eta^2 = 0.349$，目标刺激序列位置和被试类型的交互作用见图3.3。

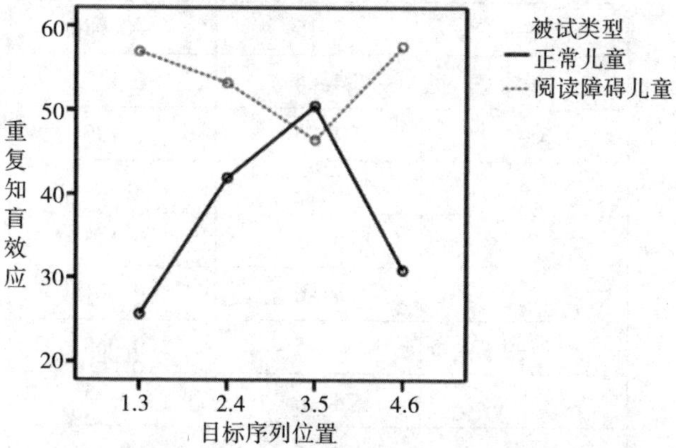

图3.3 被试类型与目标刺激序列位置的交互作用图

为了更好地考察目标刺激序列位置对两组被试的影响，笔者对目标刺激序列位置和被试类型的交互作用进行了两个方向的统计。首先，考察了同一组被试中不同的目标序列位置所引起的重复知盲效应是否存在差异，结果见表3.5。简单效应结果显示，对正常儿童而言，目标刺激序列位置1－3水平上的重复知盲效应显著小于2－4及3－5水平，和4－6水平上的差异不显著，2－4水平上重复知盲效应显著小于3－5水平，但显著大于4－6水平，3－5水平上的重复知盲效应显著高于4－6水平。对于阅读障碍儿童而言，1－3水平上的重复知盲效应显著大于3－5水平，3－5水平上的重复知盲效应显著小于4－6水平，其他水平两两间的差异都不显著（见表3.5）。

表3.5　目标刺激序列位置在不同被试中的重复知盲效应差异比较

被试类型	（I）序列位置	（J）序列位置	均值差（I－J）	*p*
正常儿童	1－3	2－4	－0.126	*0.000*
		3－5	－0.248	0.000
		4－6	－0.052	0.269
	2－4	3－5	－0.086	0.019
		4－6	0.110	0.033
	3－5	4－6	0.196	0.000
阅读障碍儿童	1－3	2－4	0.45	0.282
		3－5	0.112	0.025
		4－6	0.001	0.976
	2－4	3－5	0.068	0.060
		4－6	－0.043	0.384
	3－5	4－6	－0.111	0.013

第二，另一个方向的简单效应检验说明了在同一目标刺激序列位置上，两组被试之间也存在差异，结果见表3.6。数据显示两组被试在序列位置1－3及4－6水平上的重复知盲效应存在显著性差异

（$p<0.001$），且阅读障碍儿童的重复知盲效应显著大于正常儿童，阅读障碍儿童在序列位置2－4条件下的重复知盲效应也大于正常儿童，但两组被试只存在边缘性显著性差异（$p=0.05$），两组被试在序列位置3－5条件下的重复知盲效应差异不显著（$p>0.05$）（见表3.6）。

表3.6　两组被试在同一目标序列位置上重复知盲效应的差异比较

目标序列位置	差异比较（正常儿童、阅读障碍儿童）	p
1－3	－0.313	0.000
2－4	－0.113	0.050
3－5	0.040	0.281
4－6	－0.266	0.000

第三节　目标刺激序列位置对阅读障碍儿童重复知盲效应的分析讨论

位置因素对重复知盲的影响表现在多方面，有刺激不同空间位置的影响、同一空间不同序列位置的影响，还有正字法中部件的不同位置等①。通过位置因素对重复知盲的影响可以考察重复知盲的

① Chen Y C, Yeh S L. Examining radical position and function in Chinese character recognition using the repetition blindness paradigm [J]. Language, cognition and neuroscience, 2017, 32(1): 37－54.

发生阶段。另外，基于位置的不同能影响注意捕获的优先性，很多研究从注意的角度分析了位置对重复知盲的影响。实验 2 操控了不同的目标刺激序列位置，考察了其对重复知盲的影响，以期为阅读障碍儿童重复知盲的发生阶段提供证据。

实验 2 的结果表明，重复性主效应显著，四种目标刺激序列位置上非重复条件下的正确率都显著高于重复条件下的正确率，这表明在四种目标刺激序列位置上均出现了重复知盲，且不同的序列位置影响着重复知盲效应的大小，出现了序列位置效应，这和 Neath 与 Crowder 所提出的项目在短暂呈现过程中会出现明显的系列位置效应的观点相吻合①。同时实验 2 的结果也显示，目标刺激序列对重复知盲效应影响的主效应不显著，但被试类型和目标刺激序列位置的交互作用显著。下面将分别讨论目标刺激序列位置对正常儿童和阅读障碍儿童的影响。

一、目标序列位置对正常儿童重复知盲效应的影响

实验 2 的结果显示，在重复条件下正常儿童在目标刺激处在 1－3 及 4－6 序列位置时的正确率显著高于 2－4 及 3－5 位置时，在 1－3 位置和 4－6 位置上的差异不显著，在非重复条件下四种目标序列位置上的正确率不存在显著性差异。所以正常儿童在序列两端位置时所产生的重复知盲效应显著小于中间位置，出现了明显的首因

① Neath I, Crowder R G. Distinctiveness and very short－term serial position effects[J]. Memory, 1996, 4(3): 225－242.

效应及近因效应，符合自由回忆实验的序列位置效应。此结果表明，正常儿童重复知盲的产生受记忆的影响较大，个体在记忆过程中会对序列中先出现及最后出现的重复刺激分配更多的注意资源，从而使它们得到更深层次的加工，这和冷英等人在研究中发现的重复知盲末位优势效应有一致性①。冷英的研究将这一结果解释为符合注意资源分配最优化假设，本研究认为注意资源分配最优化和竞争假设本质上是相同的，对此冷英在研究中也有提到。竞争假设认为，重复知盲可以发生在记忆阶段，目标刺激在序列两端时表现出了明显的注意捕获优势，使目标刺激在序列中竞争时容易获得加工优势，因此正确率较高。此结果显然不符合标记个体化理论和类型节点不应期理论，以上两种理论均认为重复知盲发生在知觉水平上，个体由于知觉加工的缺陷抑制了对重复刺激的个体化表征识别，如果符合此观点，无论目标刺激在序列中处于什么位置，应该产生相同的重复知盲效应，而实验2却发现了重复知盲效应的位置差异。另外，实验2的结果也不符合建构与归因理论，该理论认为重复知盲是对重复刺激R2的加工情景迁移至R1产生错误归因导致的，因此根据这个观点，只要对目标刺激加工的环境不变，也就是非目标刺激未发生变化，重复知盲效应就不会因为目标刺激的序列位置不同而产生改变。

① 冷英，谭小英，曾庆，等. 重复刺激的末位优势效应[J]. 心理学报，2012，44(6)：766－776.

二、目标序列位置对阅读障碍儿童重复知盲效应的影响

本实验结果显示，目标刺激序列位置同样对阅读障碍儿童重复知盲产生了影响，这首先表明了阅读障碍儿童的重复知盲不是发生在知觉阶段。另外，本研究发现目标刺激序列位置对阅读障碍儿童重复知盲的影响和对正常儿童的影响不同，实验结果出现了反转。对阅读障碍儿童而言，重复条件下目标刺激不同序列位置上的正确率未产生首因效应和近因效应，反而出现了3－5位置时的正确率高于1－3及4－6位置的现象，由此可见阅读障碍儿童序列两端产生的重复知盲效应大于中间位置。此结果表明阅读障碍儿童和正常儿童重复知盲的发生阶段是不同的。郭亚桥认为当序列两端的重复知盲效应大于中间位置的重复知盲效应时，可以用表征不应期理论和记忆两个观点来解释，即重复知盲的产生是知觉和记忆共同作用的结果，实验2的结果也支持这一结论。类型节点不应期认为刺激在形成内部表征后，很难在短时间内再次激活相同刺激的内部表征，个体只能觉知到一次刺激，所以产生了重复知盲，而这个短暂的时间被称为不应期。刺激被激活的程度越高，所产生的不应期就越长；个体受记忆的影响对序列两端的刺激的记忆效果越好，产生的不应期也越长，对重复刺激的识别正确率越低，就会产生越大的重复知盲效应。因此，本实验结果表明阅读障碍儿童重复知盲的产生既不仅是发生在知觉水平的，也不仅是发生在记忆水平的，而是两者共同作用的结果。

在众多重复知盲的发生机制理论中，竞争假设虽没有直接回答

重复知盲的发生阶段，但在用目标刺激和非目标刺激间的竞争解释重复知盲时，认为重复知盲既受知觉加工的影响，也受记忆提取的影响。根据竞争假设的观点，当目标刺激在序列1－3位置时，受记忆序列位置的影响，R1的信噪比较高，容易被激活，由于对重复刺激R2的掩蔽，R2的信号和噪声都会增大，R2的信噪比会降低，不容易被激活，从而加大了重复知盲效应；当目标刺激在中间位置时，目标R1刺激在序列中间信噪比较小，不容易被激活，但对R2的掩蔽较小，R2的信噪比将提高，从而使其容易被激活，导致重复知盲效应变小，这与冷英的研究结果一致①。不同的是冷英在研究中使用的是不同性质的目标刺激和非目标刺激材料，目标刺激与邻近刺激竞争时产生了不同的、更强的竞争力，所以出现了重复启动。实验2在序列中采用的是同一性质的实验材料，加上阅读障碍儿童本身知觉及记忆加工方面有缺陷，所以在中间位置2－4及3－5水平上仍表现出明显的重复知盲效应。但和正常儿童不同的是，当目标刺激在序列位置4－6时，阅读障碍儿童很容易受非目标的干扰，再加上R2的高信噪比会对R1形成前向掩蔽，所以阅读障碍儿童在完成辨别是否出现了重复刺激任务时会出现较多的错误，重复知盲效应反而比目标刺激在中间位置时更大。

三、两组被试重复知盲效应的差异比较

本研究实验结果显示，目标刺激的序列位置和被试类型存在交

---

① 冷英. 刺激的编码效力对重复知盲的影响[J]. 心理学报, 2014, 46(5): 593－606.

互作用，目标序列位置对正常儿童和阅读障碍儿童的影响是不同的。简单效应结果显示了同一序列位置上阅读障碍儿童和正常儿童的差异，结果发现正常儿童和阅读障碍儿童在3－5序列位置上产生的重复知盲效应差异不显著，而在1－3、2－4、4－6序列位置上，阅读障碍儿童的重复知盲效应显著大于正常儿童。其原因在于当目标刺激在3－5位置上时，受记忆影响，正常儿童的作答正确率降到最低，重复知盲效应达到最大。阅读障碍儿童在3－5位置上受知觉和记忆的共同作用，对重复刺激的加工相对较好，重复知盲效应最小，所以此时正常儿童和阅读障碍儿童的差异不显著。而在其他位置上时，由于正常儿童有更好的认知加工能力，所以表现出了比阅读障碍儿童更小的重复知盲效应。

大多数以特殊人群为被试的研究中发现，重复知盲发生在知觉阶段，但涉及的被试基本上是脑损伤及精神分裂症患者，其发生机制与生理缺陷有密切联系。本章的研究发现，阅读障碍儿童的重复知盲是知觉和记忆共同作用的结果，与前人的研究中认为阅读障碍儿童存在知觉及记忆缺陷的观点相符，竞争假设能更好地解释阅读障碍儿童重复知盲的发生，丰富了特殊人群重复知盲的发生机制研究。

本实验结果表明：

目标刺激序列位置影响重复知盲，正常儿童序列两端的重复知盲效应小于中间位置，阅读障碍儿童序列两端的重复知盲效应大于中间位置。

正常儿童和阅读障碍儿童在3－5序列位置上产生的重复知盲效

应差异不显著，阅读障碍儿童在其他序列位置上的重复知盲效应显著大于正常儿童。

阅读障碍儿童重复知盲的发生是知觉和记忆共同作用的结果，正常儿童重复知盲受记忆的影响更大。

竞争假设理论能更好地解释阅读障碍儿童重复知盲的发生。

第四章　刺激物理属性编码对阅读障碍儿童重复知盲效应的影响（实验3）

Kanwisher在1987年首次报告了重复知盲现象后，研究者对其产生机制进行了大量的分析论证，提出了标记个体化理论、类型不应期理论、建构与归因理论、双加工混合模型及竞争假说。以上理论争论的焦点在于重复知盲的产生原因是对重复刺激的知觉加工缺陷还是记忆加工缺陷。后期提出的竞争假设等理论认为重复知盲既存在知觉加工缺陷、又存在记忆加工缺陷，这一论断在一定程度上对前期研究成果进行了整合。实验2结果显示阅读障碍儿童重复知盲的发生是知觉和记忆共同作用的结果，所以笔者认为竞争假设理论能更好地解释阅读障碍儿童重复知盲的发生。但需要指出的是，上述研究均聚焦于认知发生阶段的问题，而对于注意、抑制等认知因素对重复知盲产生的作用缺乏足够的探讨。

事实上，早在1987年Kanwisher就研究过注意资源分配对重复知盲的影响。在一项研究中，Kanwisher要求被试在刺激序列呈现结束后，报告重复的尾词或整个重复序列，结果发现当只报告重复尾词的时候，出现了重复启动而非重复知盲。Kanwisher 采用注意资源分配理论解释这一现象，认为被试在反应任务调整后，可以主动将更多注意资源分配给重复尾词，提高其报告的正确率①。我国学者冷英、卢家楣等曾以情绪词 - 中性词作为目标刺激材料，探讨主动注意资源分配对重复知盲现象的影响，结果发现重复知盲发生在记忆阶段，受主动注意资源分配的影响②。

注意作为一种有限的心理资源，影响着认知加工的全过程。在注意资源分配过程中，既存在主动的资源分配，又存在被动的资源分配。前人研究承认了注意资源分配对重复知盲现象的影响，也论证了主动注意资源策略分配发生在记忆阶段，但是自动地、无意识地注意资源分配如何影响重复知盲的发生还有待进一步研究。

第一节 目标 - 非目标刺激颜色一致性对阅读障碍儿童重复知盲效应的影响

刺激的颜色、形状、大小等物理属性的改变，能引起个体在早期知觉加工阶段的注意转移，这些物理属性的改变和个体注意资源

① Kanwisher N G. Repetition blindness: Type recognition without token individuation[J]. Cognition, 1987, 27(2): 117 - 143.

② 冷英，卢家楣，金丽，等. RSVP 任务下双刺激重复的优势与劣势[J]. 心理学报，2014, 46(3): 298 - 311.

的分配密切相关。知觉凸显可以捕捉到更多的注意资源①，在视觉搜索中凸显目标刺激的特征能加速其加工过程②，而颜色通常是静态的高凸显特征，它也是刺激在个体化过程中的重要特征。前人研究已表明，颜色目标刺激能产生重复知盲③，但相关研究还比较少，结论也不统一，而且对研究结果的解释多从标记个体化理论或建构与归因理论出发，从注意的角度在竞争假设理论框架内进行解释的研究并不多。

本研究通过控制目标刺激与非目标刺激颜色的一致性，来考察注意资源的分配发生变化对重复知盲的影响，当目标刺激的颜色发生改变，特别是当非目标刺激数量大于目标刺激时，目标刺激的编码会变大，但这是否会增强目标刺激在序列中的辨识度从而影响重复知盲？本节根据竞争假设理论及前人的研究结果作出了如下假设：

当目标刺激颜色发生变化时，正常儿童因为更容易区分与非目标刺激，所以能够激活更多的注意资源，对于重复条件下目标刺激R2的正确率会显著提高，重复知盲效应消失。对于阅读障碍儿童而言，当目标刺激颜色发生变化时，由于本身注意资源的相对不足，

---

① Yantis S. Stimulus - driven attentional capture[J]. Current directions in psychological science,1993,2(5):156 - 161.

② Treisman A,Gormican S. Feature analysis in early vision:evidence from search asymmetries[J]. Psychological review,1988,95(1):15 - 48.

③ Kanwisher N. Repetition blindness and illusory conjunctions:errors in binding visual types with visual tokens[J]. Journal of experimental psychology:human perception and performance,1991,17(2):404 - 421.

在重复条件下，R1 吸引了更多的注意资源，导致对重复刺激 R2 的觉察出现了更大的困难，正确率降低，重复知盲效应依然存在。

为区别于之前的实验，实验 3a 将实验材料由数字改为儿童熟悉程度相同的字母，以此验证刺激物理属性编码效力对阅读障碍重复知盲的影响。

一、研究方法

（一）被试情况

本实验选取阅读障碍儿童 20 名，正常儿童 18 名作为研究被试，选取标准同实验 1。

（二）实验设计

实验 3a 为 2（被试类型：阅读障碍儿童、正常儿童）×2（重复条件：重复、非重复）×2（目标刺激颜色：黑色、红色）三因素混合实验设计，其中被试类型为被试间变量，重复条件及目标刺激颜色为被试内变量，因变量是判断有无重复刺激的正确率及重复知盲效应。

具体而言，在有重复的序列中，被试回答有重复，记为正确；而在无重复的序列中，被试回答无重复，记为正确。重复知盲效应量 = 非重复条件下正确率 - 重复条件下正确率。填充列表正确率不参与计算。

（三）实验材料

实验 3a 的实验材料为大写字母（I、O、X、Z 除外），RSVP 列表为包含5个刺激项目的大写字母序列，为避免实验中变量过多，将刺激呈现速率固定为150毫秒/个，目标刺激时间间隔为lag1，为平衡位置效应，在重复列表中目标刺激平均分布于1－3、2－4、3－5位置上。

材料列表制作过程（以重复刺激出现在1－3位置为例，2－4、3－5位置刺激列表制作与此相同，只是改变目标刺激和填充刺激位置）：

——创建12个由大写字母组成，在1、3位置为重复大写字母的刺激列表1，2、4、5位置为非重复大写字母。

——将刺激列表1中第一刺激R1更改为和第三个位置R2不同的字母，非目标刺激字母保持不变。全序列中字母无重复。此为列表2。

——将列表1中，1、3位置的重复字母全部变成红色，完成列表3。

——将列表2中，1、3位置的非重复字母全部变成红色，成为列表4。

在1～4每个列表中随机抽出两个刺激序列作为练习项目，其余40个刺激序列作为正式实验项目。另外参考上述程序，制作在2－4、3－5位置包含重复刺激的项目列表。最终形成包含24个练习序列、120个正式实验序列的总实验材料列表。采用Eprime 2.0程序将材料列表中序列顺序随机化，实验材料举例见表4.1。

表 4.1　实验材料举例

目标刺激颜色	重复条件	非重复条件
黑色	SEAEP	GEDKL
红色	SEAEP	GEDKL

为避免被试的反应倾向，在正式实验材料中随机插入 30 条填充刺激序列，填充序列的刺激数量分别为 5、4、3，各 10 条。其中一半由红色非重复随机大写字母组成，另一半由黑色非重复大写字母组成。被试填充刺激的正确率不参与计算。

（四）实验仪器

本实验实验仪器同实验 1。

（五）实验程序

实验 3a 采用经典 RSVP 实验范式，实验程序为：首先注视点“+”在电脑中央呈现 1000 毫秒，然后在同一中心位置呈现 RSVP 序列刺激，每个刺激呈现时间分别为 150 毫秒，在最后一个刺激消失后将呈现结束符“?”，要求被试对实验作出反应，如果发现刺激中存在重复刺激则按相应重复字母键，如果没有发现重复刺激则按字母“X”键。在正式实验前，每个被试有 24 个试次的练习，直到熟练后才进入正式实验。正式实验每个被试需要完成包括填充列表的 150 个试次。整个实验大约持续 20 分钟，中间不作休息。为避免环境因素的影响，本实验在安静、明亮的教室内进行。实验流程如图 4.1 所示：

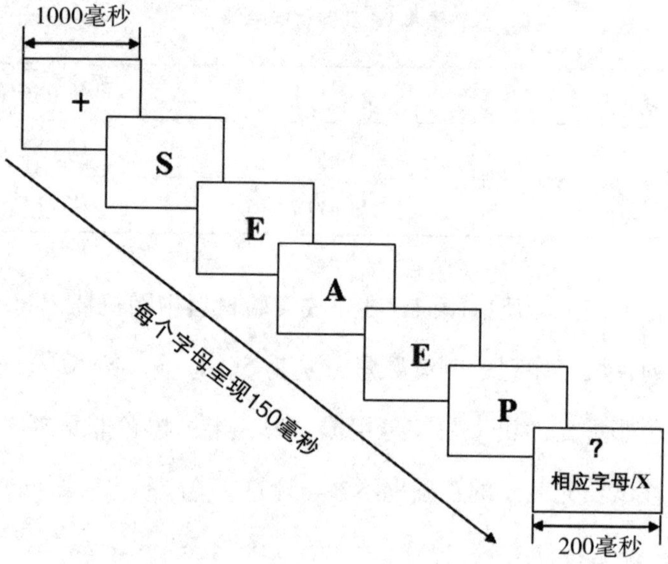

图 4.1 实验 3a 流程图

二、研究结果

实验 3a 数据筛选标准同实验 1。在本次实验中有 6 名阅读障碍儿童和 4 名正常儿童数据不符合标准，剩余 28 名被试实验数据计入最终结果统计。采用 SPSS 22.0 对收集数据进行统计处理。计算两组被试在不同实验条件下的正确率，基本描述性统计结果见表 4.2。

表 4.2 两组被试在不同实验条件下正确率的描述性统计（$N=28$，M ± SD）

被试类型	颜色一致		颜色不一致	
	重复	非重复	重复	非重复
阅读障碍儿童	0.21 ±0.11	0.76 ±0.06	0.31 ±0.09	0.72 ±0.08
正常儿童	0.38 ±0.14	0.81 ±0.09	0.75 ±0.10	0.82 ±0.04

以被试反应的正确率为因变量，对实验 3a 进行 2（被试类型）×2（重复性）×2（目标刺激颜色）混合实验设计方差分析，结果见表 4.3。

表 4.3　两组被试在各实验条件下的方差分析

差异来源	*df*	*MS*	*F*	*p*
目标刺激颜色：黑 - 红	1	0.37	56.76	0.000
重复性：重复 - 非重复	1	3.98	357.66	0.000
被试类型：正常儿童 - 阅读障碍儿童	1	0.84	64.39	0.000
目标刺激颜色 × 重复性 × 被试类型	1	0.12	24.27	0.000

上述表格中数据表明：学生类型主效应显著，$F_{(1,26)} = 64.39$，$p = 0.000$，$\eta^2 = 0.719$，表现为阅读障碍组的正确率显著低于正常儿童组。重复性主效应显著，$F_{(1,26)} = 357.66$，$p < 0.001$，$\eta^2 = 0.932$，表现为重复条件下的正确率显著低于非重复条件。目标刺激颜色主效应显著，$F_{(1,26)} = 56.76$，$p < 0.001$，$\eta^2 = 0.686$，当目标刺激为红色时，被试报告正确率显著高于目标刺激为黑色时，从整体来看颜色不一致的序列反应正确率高于颜色一致的序列。重复性、目标刺激颜色和被试类型存在显著交互作用，$F_{(1,26)} = 24.27$，$p < 0.001$，$\eta^2 = 0.482$。对其进行进一步简单效应检验分析，结果见表 4.4。

表 4.4　目标刺激颜色、重复性、被试类型的简单效应检验

学生类型	重复性	M（a1 - a2）	*p*	目标颜色	M（b1 - b2）	*p*
正常儿童	重复	-0.372	0.000	黑	-0.433	0.000
	非重复	-0.007	0.735	红	-0.068	0.067

续表

学生类型	重复性	M（a1 - a2）	p	目标颜色	M（b1 - b2）	p
阅读障碍	重复	-0.104	0.001	黑	-0.556	0.000
	非重复	0.044	0.087	红	-0.408	0.000

注：M（a1 - a2）= 目标刺激为黑色正确率均值 - 目标刺激为红色正确率均值

M（b1 - b2）= 目标重复正确率均值 - 目标非重复正确率均值

交互作用具体分析结果如下：以普通儿童为被试，重复条件下目标刺激为红色时报告的正确率高于目标刺激为黑色时（$p < 0.001$）；非重复条件下，目标刺激的颜色不影响报告的正确率（$p > 0.05$）。当目标刺激为红色且非目标刺激为黑色时，重复条件和非重复条件下报告正确率没有显著差异，重复知盲效应不显著（$p > 0.05$）。当目标刺激为黑色且非目标刺激为黑色时，重复条件下报告正确率显著低于非重复条件下报告正确率，重复知盲效应显著（$p < 0.001$），交互作用见图 4.2（a）。

以阅读障碍儿童为被试，对于包含重复目标的序列进行报告，目标刺激为红色时报告正确率高于目标为黑色时（$p < 0.001$），对于不包含重复目标的序列进行报告，目标颜色对报告正确率无影响（$p > 0.05$）；当目标刺激为红色且与非目标颜色不一致时，重复条件下报告正确率显著低于非重复条件下报告正确率，出现重复知盲效应（$p < 0.001$），当目标刺激为黑色且与非目标颜色一致时，重复条件下报告正确率显著低于非重复条件下报告正确率，也出现了重复知盲效应（$p < 0.001$），交互作用见图 4.2（b）。

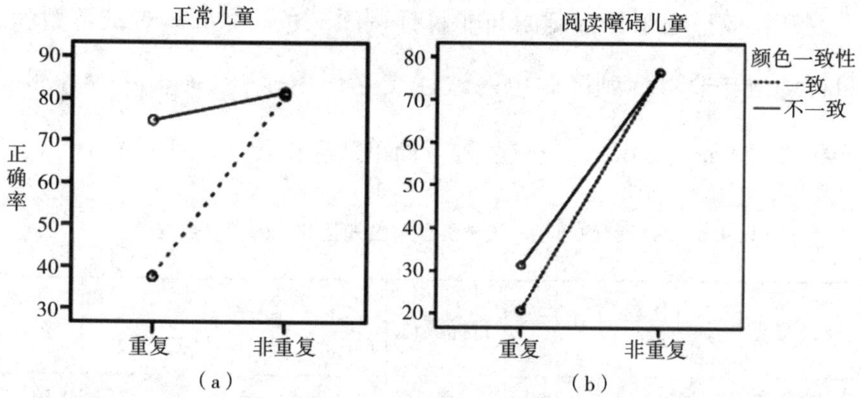

图4.2　被试类型、重复性、目标与非目标颜色一致性的交互作用图

为更好地考察目标刺激与非目标刺激颜色一致性对两组被试的影响，笔者以重复知盲效应为因变量，进行了2（被试类型）×2（目标刺激与非目标刺激颜色一致性）的混合实验设计方差分析，结果见表4.5。

表4.5　两组被试在目标刺激颜色上的方差分析

差异来源	*df*	*MS*	*F*	*p*
目标刺激颜色：黑－红	1	0.771	133.393	0.000
被试类型：正常儿童－阅读障碍儿童	1	0.900	40.282	0.000
目标刺激颜色×被试	1	0.239	41.38	0.000

结果显示：被试类型主效应显著，$F_{(1,26)}=40.28$，$p=0.000$，$\eta^2=0.608$，表现为阅读障碍儿童的重复知盲效应大于正常儿童。目标刺激与非目标刺激颜色一致性主效应显著，$F_{(1,26)}=133.39$，$p<0.001$，$\eta^2=0.837$，表现为目标刺激与非目标刺激颜色不一致时的

重复知盲效应小于目标刺激与非目标刺激颜色一致时。被试类型和目标刺激与非目标刺激颜色一致性交互作用显著，$F_{(1,26)}=41.38$，$p=0.000$，$\eta^2=0.614$，进一步进行简单效应检验结果见表4.6。

表4.6　目标刺激颜色、被试类型重复知盲效应的简单效应检验

被试类型	差异比较（黑、红）	p	目标颜色	差异比较（正常儿童、阅读障碍儿童）	p
正常儿童	0.365	0.000	黑	−0.123	0.013
阅读障碍儿童	0.104	0.001	红	−0.384	0.000

本结果显示，目标刺激和非目标刺激颜色不一致对两组被试的重复知盲效应都产生了显著影响，即目标刺激为红色时，正常儿童重复知盲消失，阅读障碍儿童的重复知盲依然存在，目标刺激和非目标刺激一致性对正常儿童重复知盲效应的影响大于对阅读障碍儿童的影响，其交互作用见图4.3。

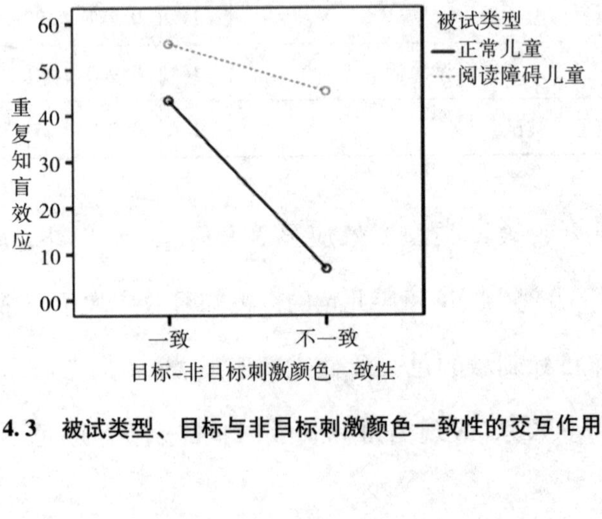

图4.3　被试类型、目标与非目标刺激颜色一致性的交互作用图

由交互效应直观图（图4.3）可见：在目标刺激与非目标刺激颜色一致条件下，正常儿童和阅读障碍儿童重复知盲效应的差异较小；而在目标刺激与非目标刺激颜色不一致条件下，由于正常儿童的重复知盲消失，所以和阅读障碍儿童重复知盲效应的差异较大。

三、分析讨论

增强刺激的物理凸显性能使个体自动地、无意识地分配自己的注意资源，从而加快对该刺激的加工，且这种加工不依赖于自上而下的任务目标①。在前人的研究中已发现，个体主动分配注意资源的特点影响重复知盲，Christopher 在实验中分离了非重复字母和重复字母的错误猜测，结果表明重复刺激的辨识依赖于被试的加工策略②。实验3a以阅读障碍儿童为被试，通过操控目标刺激与非目标刺激颜色一致性来考察个体自动注意分配特征对重复知盲的影响。另外，目标刺激和非目标刺激颜色不一致时的编码效力明显高于和非目标刺激颜色一致时的编码效力，因此本研究也围绕竞争假设理论验证了不同物理属性编码效力对重复知盲的影响。

（一）目标刺激和非目标刺激颜色一致性对重复知盲效应的影响

实验3a的结果显示，目标刺激颜色主效应显著。在目标刺激和

① Theeuwes J. Top – down search strategies cannot override attentional capture[J]. Psychonomic bulletin & review, 2004, 11(1): 65 – 70.

② Christopher. Anderson & W. Trammell Neill. Two Bs or not two Bs? A signal detection theory analysis of repetition blindness in a counting task[J]. Perception & psychophysics, 2002, 64(5): 732 – 740.

非目标刺激颜色一致情况下，两组被试都发生了重复知盲；在目标刺激和非目标刺激颜色不一致时结果出现了差异，具体表现为，当将目标刺激改为具有更高辨识度的红色时，被试反应的正确率显著提升。特别是对于普通儿童来说，这种变化更加显著，这主要体现在对包含重复刺激序列的报告正确率显著提高上。在非重复条件下的 RSVP 任务中反应正确率较高，说明在注意资源平均分配的情况下，被试对整个刺激序列能够有较好的加工，普通儿童自身注意资源充足，甚至可能存在“溢出”——注意资源的过剩现象。重复刺激觉察的失败是注意资源自动化的“节省”，这部分注意资源没能被充分激活而用于对重复刺激的加工；在目标刺激颜色辨识度提高后，整体的激活量大大增加，随着目标 - 非目标区别加大，目标刺激在序列中的竞争处于优势地位。这可以解释为凸显的颜色作为新异刺激的信号，能够激活更多注意资源，因此被试对重复的刺激有了更好的觉察，此时对重复刺激觉察的提升并非以牺牲其他刺激的觉察效能为代价。此结果和以往的研究有不同之处，Kanwisher 发现目标颜色和非目标颜色一致与否没有形成重复知盲效应的显著性差异①。Dux 和 Coltheart 在研究中发现，目标和干扰物之间的特征差异只能在识别不同的刺激方面起作用，不能消除重复知盲的存在②。Camp-

---

① Kanwisher N. Repetition blindness and illusory conjunctions: errors in binding visual types with visual tokens[J]. Journal of experimental psychology: human perception and performance, 1991, 17(2): 404 - 421.

② Dux P E, Coltheart V. Repetition blindness and repetition priming: effects of featural differences between targets and distractors on RSVP dual - target search[J]. Memory & cognition, 2008, 36(4): 776 - 790.

bell 等人在实验中把目标刺激设为比白色非目标刺激亮的黄色，结果发现目标刺激和非目标刺激特征的不同虽然能提升正确率，但是不能导致重复知盲消失①。学者们认为虽然目标刺激和非目标刺激颜色存在差异，但是个体仍存在对重复刺激个体化的困难，强调了标记个体化理论对重复知盲的影响。实验 3a 与之结果不一致也受实验任务及实验材料的影响。

对于阅读障碍儿童，两种目标刺激颜色对重复知盲的影响表现出了和正常儿童同样的趋势，在目标刺激和非目标刺激颜色不一致时的重复知盲效应显著小于目标刺激和非目标刺激颜色一致时。同时，阅读障碍儿童在重复条件下当目标刺激为红色时的正确率虽然比在黑色条件下高，但与非重复条件下的正确率仍存在显著性差异，所以重复知盲效应仍然存在。此结果可以解释为阅读障碍儿童存在明显的视觉注意力缺损，Bosse 等人在研究中控制了阅读障碍的字母识别，发现阅读障碍儿童在视觉注意力任务中成绩的落后是注意分配缺陷导致的②。目标刺激在序列中虽然都显示红色，但阅读障碍儿童对先出现的 R1 投入了相对多的注意资源，导致对 R2 的个体化仍然存在困难。

本实验结果表明，对两组被试而言，目标刺激不同的物理编码效力影响了重复知盲，注意资源的分配发挥了重要的调节作用。

---

① Campbell J I D, Fugelsang J A, Hernberg V D. Effects of lexicality and distinctiveness on repetition blindness[J]. Journal of experimental psychology: human perception and performance, 2002, 28(4): 948－962.

② Bosse M L, Marie J T, Valdois S. Developmental dyslexia: the visual attention span deficit hypothesis[J]. Cognition, 2007, 104(2): 198－230.

这与已有的研究结论一致，De 等人在研究中发现，重复的相同刺激和相似分组都产生了重复知盲效应，在报告字母和颜色的双任务中均发现了注意相关性对重复相同刺激及相似分组的调节作用①，其结果和实验 3a 的结果都表明，重复知盲可以发生在知觉水平上。

（二）两组被试重复知盲效应的差异比较

Steinman 等人在研究中发现，大细胞通路对自动注意捕获信息具有重要的意义②。由此结论可知，阅读障碍儿童存在的大细胞缺陷可能会影响他们的自动注意分配能力。Erez 和 Pratt 采用 ERP 技术也表明阅读障碍儿童存在注意力资源不足或者不能有效地进行注意力资源的分配的缺陷③，这些缺陷在重复知盲中的具体表现如何？实验 3a 通过阅读障碍儿童与正常儿童的比较，对这个问题进行了探讨。

实验 3a 的结果显示被试类型主效应显著，表现为阅读障碍组的重复知盲效应显著高于正常儿童，无论目标刺激和非目标刺激颜色一致与否，阅读障碍儿童在重复条件下的正确率都显著低于正常儿童，在非重复条件下的正确率差异不显著。阅读障碍儿童在视知觉

① De H B, Rorden C. Similarity grouping and repetition blindness are both influenced by attention[J]. Frontiers in human neuroscience, 2010, 4(20): 1 – 12.

② Steinman B A, Steinman S B, Lehmkuhle S. Research note transient visual attention is dominated by the magnocellular stream[J]. Vision research, 1997, 37(1): 17 – 23.

③ Erez A, Pratt H. Auditory event – related potentials among dyslexic and normal – reading children: 3CLT and midline comparisons[J]. International journal of neuroscience, 1992, 63(3/4): 247 – 264.

加工方面存在困难，那么从注意的角度进行分析，可以推论在同类任务中，阅读障碍儿童都会因注意资源的缺损而落后于正常儿童。正常儿童在 RSVP 任务中，当刺激序列中不存在重复内容时，被试能够获得较高的正确率，说明正常儿童的注意资源在这一任务中是充足的，但阅读障碍儿童存在注意资源的相对不足，在 RSVP 任务中先行刺激对资源的占用就导致了后续刺激的加工不良，因此其正确率显著低于正常儿童。

结果同时表明，被试类型和目标刺激与非目标刺激颜色一致性交互作用显著。这表明，目标刺激与非目标刺激颜色一致性对两组被试的影响是不同的，进一步进行简单效应检验，结果显示：对正常儿童而言，当目标刺激颜色和非目标颜色不一致时，重复知盲现象消失。而同一条件下，让阅读障碍儿童对于包含重复目标的序列进行报告，目标刺激为红色时报告正确率显著高于目标为黑色时。但即便目标刺激辨识度提高，重复知盲现象仍然存在，这与正常儿童的结果不一致。可以肯定的是，增加目标刺激辨识度可以提高阅读障碍儿童在 RSVP 任务中的报告正确率，但是由于其自身注意资源有限，突出的颜色让一部分刺激得到了更好的加工，但代价是对于其他非目标刺激的觉察变差了，因此阅读障碍儿童对整个序列的反应正确率提高不大。以往在快速信息加工中对阅读障碍儿童的注意缺陷研究主要聚焦在注意的转移和注意选择方面①，

---

① 曾飚，周晓林，孟祥芝. 发展性阅读障碍的注意缺陷研究现状［J］. 心理发展与教育，2003，18（2）：91－95.

实验 3a 为阅读障碍儿童在快速序列加工中存在注意分配缺陷提供了证据。

实验 3a 结果表明，重复知盲的产生和个体自动进行注意资源分配有关，对正常儿童而言，改变目标刺激的颜色，能够激活冗余的注意资源，使重复刺激得到更好的加工。但阅读障碍儿童由于存在注意资源的相对不足，所以在 RSVP 任务中即使提高目标刺激区分度，也只能小幅度提高重复条件下的正确率，同时在非重复条件刺激的序列中，反应正确率反而有所下降。

第二节　目标刺激间颜色一致性对阅读障碍儿童重复知盲效应的影响

实验 3a 的结果显示，目标刺激和非目标刺激颜色的不同导致了注意资源的重新分配，颜色突出的目标刺激可以得到更好的加工，当注意资源充足时，新异颜色可以提高被试整体反应的正确率。但是如果注意资源不足或者注意分配能力存在缺陷，新异颜色捕获了更多的注意资源的同时会造成其他刺激的加工困难，从而并不能在整体水平上改变反应正确率。

在实验 3a 中重复知盲效应结果既包含目标刺激和非目标刺激间的注意资源竞争，又包括目标刺激间的注意资源竞争，且目标刺激 R1 和 R2 的颜色是相同的，那么 R1 和 R2 两个目标刺激之间存在注意资源竞争时，会产生怎样的结果呢？为了更好地研究这个问题，实验3b采用Whittlesea和Masson在研究中采用的实验范式[①]，序列中只呈现目标刺激，两个目标刺激之间用空白屏幕填充。但与前人研究的差异之处在于，实验3b中采用高识别度的红色将目标刺激分为R1、R2同时为黑，R1红、R2黑及R1黑、R2红三种不同的水平，通过对三种水平下重复知盲效应的比较，来考察注意资源在目标刺激之间的分配对重复知盲的影响。

另外，笔者在实验3a中发现，在目标刺激颜色标红的情况下，正常儿童对包含重复刺激序列的报告正确率显著提高，重复知盲效应消失；但阅读障碍儿童在同等实验条件下的正确率仍然较低，重复知盲现象依旧存在。对此笔者给出的解释是正常儿童拥有更充分的注意资源和较好的注意分配能力，颜色的新异刺激可以激活冗余的部分，使得重复刺激得到更好的加工；但阅读障碍儿童注意资源紧张，重复刺激占用更多资源后，对其他非重复刺激的加工就会出现更大困难，因此对整个序列反应正确率的提升作用不明显。那么，如果有更充足的注意资源，是否可以对后面出现的重复刺激R2有更好的加工呢？实验3b控制了非目标刺激占有的注意资源，填充刺激采用空屏，以对此现象进行进一步的探讨。

① Whittlesea B W A, Masson M E J. Repetition blindness in rapid lists: activation and inhibition versus construction and attribution[J]. Journal of experimental psychology: learning, memory, and cognition, 2005, 31(1): 54-67.

一、研究方法

（一）被试情况

参加实验3a的被试同样参加实验3b，为避免练习效应和疲劳效应，两次实验中间间隔5天。

（二）实验设计

实验3b为2（被试类型：阅读障碍组、正常儿童组）×2（重复条件：重复、非重复）×3（目标刺激R1、R2颜色：黑-黑、红-黑、黑-红）三因素混合实验设计，其中被试类型为被试间变量，重复条件及目标刺激R1、R2颜色为被试内变量，因变量是判断有无重复刺激的正确率及重复知盲效应量。

具体而言，在有重复的序列中，被试回答有重复，记为正确；而在无重复的序列中，被试回答无重复，记为正确。重复知盲效应量=非重复条件下正确率-重复条件下正确率。填充列表正确率不参与计算。

（三）实验材料

实验3b的实验材料为大写字母（I、O、X、Z除外），每个序列由2个字母刺激组成，重复条件和非重复条件各一半，每种重复条件下目标刺激R1、R2颜色分别为黑-黑、红-黑和黑-红3个水平。为了更清晰地呈现注意资源在目标刺激中的分配对重复知盲的影响，不再呈现填充刺激，而是在两个目标刺激中间插入空白屏幕。目标刺激呈现时间150毫秒，两个目标刺激间空白屏幕呈现150毫秒。本实验共有6种实验条件，每种实验条件包含30个正式试次，每个被试共需完成180个试次。为避免被试的反应倾向，在正式实验材料中增加了50条填充刺激序列，填充刺激均为非重复条件。另外，在正式实验前设置了10个练习试次。实验程序用E-prime 2.0编制，实验材料列表随机呈现，实验材料举例见表4.7。

表4.7 实验材料举例

目标刺激颜色	重复条件	非重复条件
黑-黑	E+E	E+K
红-黑	E+E	E+K
黑-红	E+E	E+K

（四）实验仪器

实验3b的仪器同实验1。

（五）实验程序

首先出现注视点“+”1000毫秒，然后在同一中心位置快速连续呈现目标刺激R1、空白屏幕、R2，均持续150毫秒。如果发现R1-R2是重复刺激，则按相应重复字母键，如果没有发现重复刺激则按字母“X”键。在正式实验前，每个被试有30个试次的练习，直到熟练后才进入正式实验，正式实验每个被试需要完成180个试次，整个实验大约持续20分钟，中间不作休息。为避免环境因素的影响，本实验在安静、明亮的教室内进行。实验流程图如下：

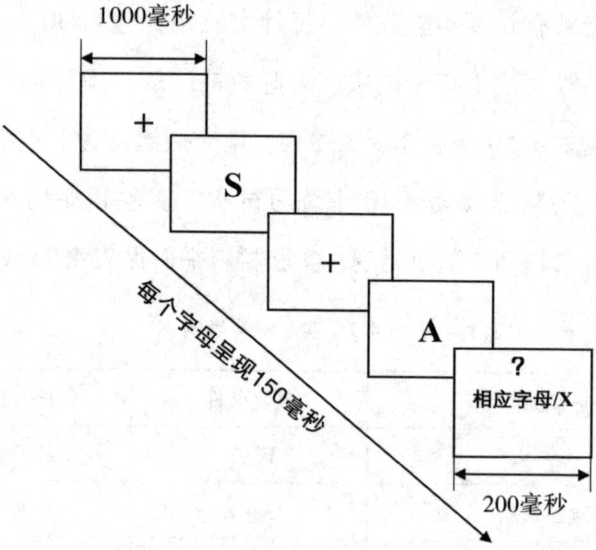

图 4.4 实验 3b 流程图

二、研究结果

实验 3b 数据筛选的方法及标准同实验 1。实验 3b 中有 5 名阅读障碍儿童和 3 名正常儿童的数据不符合标准，剩余 29 名被试实验数据计入最终结果统计。采用 SPSS 22.0 对收集到的数据进行统计处理。表 4.8 中显示了在各种实验条件下被试反应正确率的平均数和标准差。

表 4.8 各种实验条件下被试报告正确率的描述性统计（$N = 29$，M ± SD）

被试类型	目标刺激：黑 – 黑		目标刺激：红 – 黑		目标刺激：黑 – 红	
	重复	非重复	重复	非重复	重复	非重复
正常儿童	0.83 ±0.09	0.77 ±0.09	0.34 ±0.09	0.81 ±0.08	0.87 ±0.06	0.88 ±0.07
阅读障碍儿童	0.27 ±0.13	0.76 ±0.08	0.17 ±0.06	0.78 ±0.09	0.73 ±0.10	0.80 ±0.10

以被试反应的正确率为因变量，对实验 3b 进行 2（学生类型）×2（重复性）×3（目标刺激颜色）的混合实验设计的方差分析，结果见表 4.9。

表 4.9　两组被试在各实验条件下的方差分析

差异来源	*df*	*MS*	*F*	*p*
目标刺激颜色：黑－黑，红－黑，黑－红	2	1.24	146.86	0.000
重复性：重复、非重复	1	2.95	264.28	0.000
被试类型：正常儿童、阅读障碍儿童	1	1.18	99.46	0.000
目标刺激颜色×重复性×被试类型	2	0.25	21.74	0.001

数据结果显示：被试类型主效应显著，$F_{(1,27)}=99.46$，$p=0.000$，$\eta^2=0.786$，表现为阅读障碍儿童的正确率显著高于正常儿童。重复性主效应显著，$F_{(1,27)}=264.28$，$p=0.000$，$\eta^2=0.907$，表现为非重复条件下的正确率显著高于重复条件下的正确率。目标刺激颜色主效应显著，$F_{(2,54)}=146.86$，$p=0.000$，$\eta^2=0.845$，多重比较结果发现，目标颜色黑－黑正确率显著高于目标颜色黑－红和目标颜色红－黑，目标颜色黑－红正确率显著小于目标颜色红－黑。被试类型、重复性、目标刺激颜色三阶交互作用显著，$F_{(2,54)}=21.74$，$p=0.001$，η2 = 0.446，交互作用见图 4.5。

实验 3b 从两个方面对三个变量的交互作用进行解释，首先固定被试类型和目标刺激的颜色，对重复性两个水平上被试反应的正确率进行简单效应检验，结果见表 4.10。

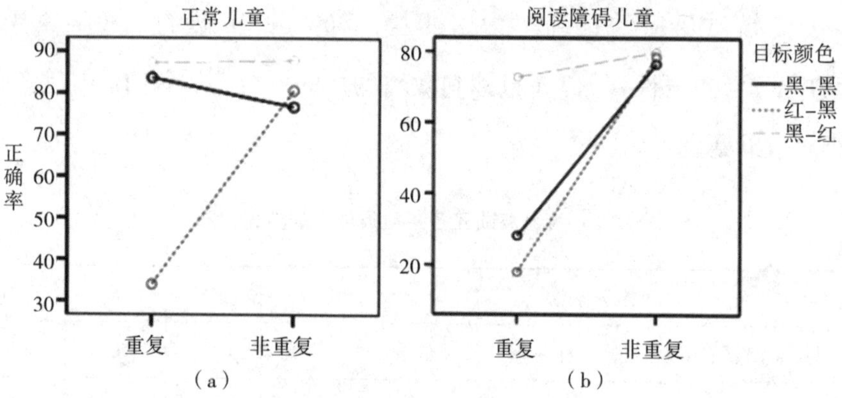

图 4.5 被试类型、重复性、目标颜色的交互作用图

表 4.10 被试类型、重复性的简单效应检验

被试类型	目标颜色	M (b1 - b2)	p
正常儿童	黑 - 黑	-0.070	0.071
	红 - 黑	-0.467	0.000
	黑 - 红	-0.007	0.892
阅读障碍儿童	黑 - 黑	-0.484	0.000
	红 - 黑	-0.606	0.000
	黑 - 红	0.071	0.170

注：M (b1 - b2) = 目标重复正确率均值 - 目标非重复正确率均值

表 4.10 中简单效应检验结果显示：以正常儿童为被试，当目标刺激均为黑色时，重复知盲效应不显著；当 R1 为红色、R2 为黑色时，出现了重复知盲效应；R1 为黑色、R2 为红色时，重复知盲消失。以阅读障碍儿童为被试，当目标刺激均为黑色时，重复知盲效应显著；当 R1 为红色、R2 为黑色时，重复知盲效应显著；R1 为黑色、R2 为红色时，重复知盲效应消失。

另外，笔者还通过固定被试类型和重复性，比较了目标刺激颜色对序列反应正确率的影响，结果见表4.11。

表4.11　被试类型、目标刺激颜色的简单效应检验

学生类型	重复性	M（a1－a2）	p	M（a1－a3）	p	M（a2－a3）	p
正常儿童	重复	0.497	0.000	－0.036	0.872	－0.533	0.000
	非重复	－0.040	0.442	－0.113	0.004	－0.073	0.058
阅读障碍儿童	重复	0.102	0.012	－0.447*	0.000	－0.549	0.000
	非重复	－0.020	0.855	－0.033	0.634	－0.013	0.955

注：M（a1－a2）＝目标黑－黑正确率均值－目标红－黑正确率均值

M（a1－a3）＝目标黑－黑正确率均值－目标黑－红正确率均值

M（a2－a3）＝目标红－黑正确率均值－目标黑－红正确率均值

表4.11数据显示：以普通儿童为被试且目标刺激重复时，黑－黑与黑－红两组的反应正确率没有差异，均显著高于红－黑组；目标刺激非重复时，黑－黑与红－黑组的反应正确率没有差异，均显著低于黑－红组。以阅读障碍儿童为被试且目标重复时，目标刺激颜色三个水平之间正确率差异显著，黑－红＞黑－黑＞红－黑；目标刺激非重复时，目标刺激颜色水平间正确率差异不显著。

为更好地考察不同目标刺激颜色对两组被试重复知盲效应的影响，以重复知盲效应为因变量进行2（被试类型）×3（目标刺激R1、R2颜色：黑－黑、红－黑、黑－红）的混合实验设计方差分析，方差分析结果见表4.12。

表 4.12 两组被试在目标刺激颜色上的重复知盲效应方差分析

差异来源	*df*	*MS*	*F*	*p*
目标刺激颜色：黑－黑，红－黑，黑－红	2	1.85	79.93	0.000
被试类型：正常儿童、阅读障碍儿童	1	1.383	61.80	0.000
目标刺激颜色×被试	2	0.505	21.74	0.001

结果发现：被试类型主效应显著，$F_{(1,27)} = 61.80$，$p = 0.000$，$\eta^2 = 0.696$，表现为阅读障碍儿童的重复知盲效应大于正常儿童。目标刺激颜色主效应显著，$F_{(2,54)} = 79.93$，$p = 0.000$，$\eta^2 = 0.748$，表现为被试类型和目标刺激颜色交互效应显著，$F_{(2,54)} = 21.74$，$p > 0.001$，$\eta^2 = 0.446$，简单效应检验的结果显示，对正常儿童而言，目标刺激为黑－黑条件下和黑－红条件下的重复知盲效应差异不显著，红－黑条件下的重复知盲效应显著大于黑－黑及黑－红条件下；阅读障碍儿童的重复知盲效应三种条件两两之间均存在显著性差异，且目标刺激为红－黑条件下的重复知盲显著大于黑－黑及黑－红条

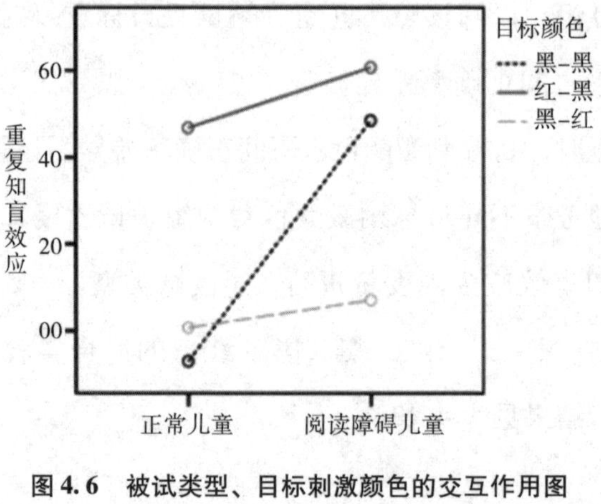

图 4.6 被试类型、目标刺激颜色的交互作用图

件，黑 - 黑条件下的重复知盲效应又显著大于黑 - 红条件下的重复知盲效应，被试类型和目标刺激颜色的交互作用见图 4.6。

三、分析讨论

实验 3b 在实验 3a 的基础上旨在考察注意资源在目标刺激之间的分配情况，实验操控了目标刺激间颜色的一致性，即通过改变两个目标刺激的物理属性编码力，考察重复知盲效应的产生和变化情况。为更好地达成本实验的考察目的，实验 3b 以空白屏幕作为两个目标刺激的填充，将非目标占用的注意资源降到最低，从而排除非目标刺激对注意资源分配的影响。研究中将目标刺激颜色分为三个水平：两个目标刺激均为黑色，假设此时注意的分配平均；改变 R1 的颜色为红色，增大第一个刺激的编码效力，增加辨识度；改变 R2 的颜色为红色，增大第二个刺激的编码效力，增加辨识度。同时，由于实验 3b 每个刺激序列中，仅包含两个字母，任务难度下降，被试有条件将更多的注意资源放在两个目标刺激上，因此希望考察在这种情况下，阅读障碍儿童是否能够进行有效的注意资源激活与再分配，实现对重复刺激 R2 更有效的加工，从而减小重复知盲效应。

（一）目标刺激间颜色一致性对重复知盲效应的影响

实验结果显示，目标刺激颜色主效应显著，这表明目标刺激间颜色的一致性对重复知盲有显著影响。当目标刺激均为黑色和 R1 为黑、R2 为红时，正常儿童组没有出现重复知盲，这一研究结果和前人一致①。此结果与 Kanwisher 的实验结果也有一致性，不同的是 Kanwisher 采用的是含非目标的刺激序列②，实验 3b 是在没有非目标干扰的情况下进行的，其结果能更好地说明被试的资源分配特点。正常儿童在注意资源更加充足的条件下，能够对同为黑色的两个重复刺激充分加工，重复条件下的正确率和非重复条件下的正确率差异不显著。当 R1 为黑色 R2 为红色时，由于 R2 颜色凸显捕获了更多的注意资源，因此 R2 的类型标记连接没有受到 R1 的影响，同时由于注意资源充足及较好的注意分配水平，R1 也得到了较好的加工，两种重复条件下的正确率都很高，重复知盲也消失了。Chun 在研究中发现，颜色突出不能导致重复知盲消失，目标刺激间颜色不一致时重复知盲效应才会消失③。而当目标刺激 R1 为红 R2 为黑时，被试反应正确率下降，出现明显的重复知盲现象。此结果表明红色刺激作为新异刺激，能吸引到更多的注意资源，造成“注意捕获”，导致后续刺激的加工出现困难。因此，可以看出重复知盲受自动、无意的注意资源分配特点的影响。

通过阅读障碍组的实验任务表现可以发现，两个目标刺激均为

---

① Whittlesea B W A, Masson M E J. Repetition blindness in rapid lists: activation and inhibition versus construction and attribution [J]. Journal of experimental psychology: learning, memory, and cognition, 2005, 31(1): 54 – 67.

② Kanwisher N. Repetition blindness and illusory conjunctions: errors in binding visual types with visual tokens[J]. Journal of experimental psychology: human perception and performance, 1991, 17(2), 404 – 421.

③ Chun M M. Types and tokens in visual processing: A double dissociation between the attentional blink and repetition blindness[J]. Journal of experimental psychology: Human perception and performance, 1997, 23(3): 738 – 755.

黑色时重复知盲存在，这再次表明在没有非目标占用注意资源的情况下，阅读障碍儿童注意资源不足的现象仍然存在。另外在R1为红R2为黑的条件下出现了同样的结果，R1为红时它具备加工优势，在本来注意资源就紧张的情况下造成了对重复刺激R2识别的困难，所以重复知盲效应存在。只有当R2变成红色时，阅读障碍儿童的重复知盲现象才消失，这表明新异刺激同样能够激活阅读障碍儿童更多的注意资源，帮助其进行更有效的信息加工，在此情况下重复知盲的作用过程同正常儿童一样。

（二）两组被试重复知盲效应的差异比较

实验3b的结果显示，被试类型主效应显著，在同一实验条件下，阅读障碍儿童的重复知盲效应大于正常儿童，这与本研究前面的实验结果吻合。具体表现为，当目标刺激R1为黑色R2为红色时，两组被试的重复知盲效应均消失，这表明R2为红色对两组被试均有显著影响，颜色的凸显捕获了注意资源，使R1对R2的掩蔽作用不明显；当目标刺激R1为红色R2为黑色时，两组被试的重复知盲效应均存在，这表明被试在R1为红色时的注意偏向均增强了其对R2的掩蔽。两组被试间存在效应量的差异，说明正常儿童的注意分配能力比阅读障碍儿童好。因此，当目标刺激颜色同为黑色时结果同样表现出差异，正常儿童的重复知盲效应消失，阅读障碍儿童的重复知盲效应依然存在。

综上，实验3的研究结果说明，重复知盲受注意资源分配的影响，自动化的注意资源分配变化能够引起重复刺激觉察情况的变化，当重复刺激具有足够新异性、能够吸引到更多注意资源时，其加工可以更加充分；当注意资源有限时，新异刺激吸引更多注意的代价是对其他目标觉察的失败，因此新异刺激的存在并不能提高整体的正确率水平；但是当注意资源充足或“溢出”时，新异刺激能够使冗余的资源参与到当下任务中，提高整体反应水平。

从实验 3 的结果发现，刺激的物理属性编码对重复知盲产生了影响。笔者除了从注意的角度探讨对重复知盲的影响外，对重复知盲的发生机制也进行了进一步的验证。颜色的改变能引起刺激加工情景变化，所以笔者将主要围绕建构与归因理论和竞争假设理论对实验 3 的结果进行分析。

实验 3a 改变了目标刺激和非目标刺激颜色的一致性，两组被试的重复知盲效应随之都发生了改变。建构与归因理论认为重复知盲的产生是重复刺激加工情景相同导致的，因此，只要非目标刺激不发生改变，重复知盲效应就不会发生变化。在实验 3a 中目标刺激的颜色一样，也就是说目标刺激 R1 和 R2 的加工情景其实是一样的，很明显实验 3a 的结果不能用建构与归因理论来解释。更合理的解释归于注意所引起的目标刺激竞争力的改变导致了重复知盲发生了变化，对此实验 3a 中已有讨论，在此不作赘述。实验 3b 中目标刺激间的颜色发生了改变，也就是说两组被试在加工这两个目标刺激时情景发生了改变，其结果显示重复知盲效应也产生了变化，这是否能用建构与归因理论解释通呢？进一步分析发现，正常儿童当目标刺激同为黑色和 R1 为黑 R2 为红时重复知盲效应消失，两者之间不存在显著性差异。按照建构理论分析，在此情况下重复知盲效应由于情景的不同产生差异，所以建构与归因理论不能解释此结果；对于阅读障碍儿童来说，虽然三种目标颜色水平存在两两间的差异，表明了情景差异对重复知盲的影响，但结果同时发现，阅读障碍儿童在 R1 为红 R2 为黑时重复知盲效应依然存在，在此条件下 R1 和 R2 的加工情景是不同的，所以重复知盲的产生不是由于加工情景的不同导致的，因此建构与归因理论也不能解释这个结果。重复知盲效应的产生是由于 R1 较强的编码力对后面 R2 的加工带来了掩蔽，导致 R2 的竞争力处于劣势。综上分析我们发现，刺激物理属性编码对重复知盲的影响符合竞争假设理论，验证了实验 2 的结果。

以上实验结果表明：

目标刺激与非目标刺激的颜色一致性影响重复知盲效应的大小。正常儿童在目标刺激与非目标刺激颜色不一致时重复知盲消失，阅读障碍儿童在目标刺激与非目标刺激颜色不一致时重复知盲效应仍存在。在同一实验条件下，阅读障碍儿童的重复知盲效应大于正常儿童。

目标刺激间颜色的一致性影响重复知盲效应的大小。两组被试在目标刺激 R1 为黑色、R2 为红色的条件下重复知盲消失；在 R1 为红色、R2 为黑色的条件下都出现了重复知盲；在目标刺激同为黑色的条件下正常儿童重复知盲消失而阅读障碍儿童重复知盲依然存在。

刺激物理属性编码对重复知盲效应的影响符合竞争假设理论，阅读障碍儿童在重复知盲中存在自动注意资源分配缺陷。

第五章　刺激类别属性编码对阅读障碍儿童重复知盲效应的影响（实验4）

实验3的结果表明刺激的物理属性编码效力影响着重复知盲，就刺激本身的特性而言，类别属性也是影响编码力的重要因素。类别知觉是指事物在人脑中按照类别属性进行表征的过程，它不是按照连续的物理信号进行表征的①。在主张重复知盲产生在知觉阶段的标记个体化理论中，强调个体首先要对重复刺激的类型进行加工，然后再进行个体标记的登记，由此可见类别特征在个体进行知觉加工过程中的重要作用。以往，关于类别的重复知盲研究大都集中于目标刺激间的类别相似或不相似，如研究表明重复知盲可以发生在类别水平上，且不依赖于颜色等物理属性的不同②。

① 邱方晖，罗跃嘉，贾世伟．面部表情的类别知觉及个体差异[J]．心理科学进展，2015，23(6)：946－958.

② Goodhew S C，Greenwood J A，Edwards M. Categorical information influences conscious perception：an interaction between object－substitution masking and repetition blindness [J]. Attention，perception，& psychophysics，2016，78(4)：1186－1202.

前人研究指出，刺激编码效力可以通过激活水平和刺激竞争效力影响重复目标的报告。能否激活刺激表征和刺激本身的编码效力有关，刺激的编码效力越高，其获得辨识的可能性就越大①。刺激除物理属性的不同能改变编码效力外，不同熟悉度的类别属性也能引起编码效力的变化。如数字、字母和电脑符号相比，由于熟悉度高于不常见的电脑符号，所以具有更强的激活效力。因此，在非重复条件下，比起处于 R2 位置的符号，数字可以获得更好的加工效果；而在重复条件下，先行刺激 R1 获得了更高的编码效力，导致重复刺激 R2 的编码效力受其更大的掩蔽作用，被正确识别的可能性降低，由此可能表现出更为显著的重复知盲效应，即正常儿童对于数字的编码优势会加大重复知盲效应。

同时，也有研究提出，对重复目标的检测不仅受目标本身属性的影响，目标和非目标的对比也是必须考虑的因素。当目标和非目标存在较大差异时，对重复目标的检测会呈现出“锐化”的效应，Morris 提出的“竞争假设”将以上两种影响重复目标检测的因素进行了整合，认为目标刺激 R1/R2 的成功报告依赖两个因素：一是目标刺激本身的编码效力；二是目标与非目标的对比，即目标和非目标编码力的差异性。

实验 4 将分别通过改变目标刺激类别属性、非目标刺激类别属性，探讨编码效力对重复知盲的影响。此外，通过对比普通儿童和

① 冷英，邹煜晖，莫雷. 刺激的编码效力对重复知盲的影响[J]. 心理学报，2014，46(5)：593－606.

阅读障碍儿童在相同实验条件下行为反应的差异，检验两组被试对目标刺激、非目标刺激的编码效力的差异，从而分析在 RSVP 任务中阅读障碍儿童的认知加工特点。

第一节　目标刺激类别属性对阅读障碍儿童重复知盲效应的影响

实验 4a 将操控目标刺激类别属性的编码效力，以数字和电脑符号作为目标刺激材料，以完全不同的另一类刺激字母作为非目标刺激材料，这样最大限度上避免了非目标刺激和任一目标刺激性质相同对序列竞争力的影响，旨在考察目标刺激的类别编码效力在重复目标检测中的作用。根据竞争理论及前人研究结果可以假设：在正常儿童群体中，重复刺激检测的正确率受目标编码效力的影响，包含高编码效力重复目标的刺激序列的报告正确率低于同类实验条件下不包含重复目标的刺激序列，即当目标刺激材料为高编码效力的数字时，重复知盲效应量高于目标刺激为低编码效力的符号时重复知盲的效应量。

另外，汉语发展性阅读障碍儿童对于汉字的编码缺陷是否会体现在数字、符号的编码中呢？符号和汉字具有相似性，对比数字，阅读障碍儿童对符号的加工编码会出现更大的困难，因此可以预测普通儿童在实验任务中整体表现优于阅读障碍儿童，阅读障碍儿童在目标刺激为符号的序列中的重复知盲效应小于目标刺激为数字的序列。

一、研究方法

（一）被试情况

选取阅读障碍儿童18人，同龄正常组儿童18人，所有被试选取标准同实验1。

（二）实验设计

实验4a为2（被试类型：阅读障碍组、正常儿童组）×2（目标刺激类型：数字、符号）×2（重复条件：重复、非重复）三因素混合实验设计，其中被试类型为被试间变量，目标刺激类型及重复条件为被试内变量，因变量是被试判断有无重复的正确率及重复知盲效应量。

具体而言，在有重复的序列中，被试回答有重复，记为正确；而在无重复的序列中，被试回答无重复，记为正确。重复知盲效应量=非重复条件下正确率-重复条件下正确率。填充列表正确率不参与计算。

（三）实验材料

为区分目标刺激材料编码效力的差异，本研究采用编码效力较高的数字和编码效力较低的电脑符号作为刺激材料。数字是0~9十个阿拉伯数字；而电脑符号是φ、#、¥、%、&、£、$、ψ这8个识别率较低的电脑符号。为保证电脑符号具有低辨识率，采用里克特式五点计分对24个电脑符号进行熟悉度的评定，30名不参加正式实验的小学生参加符号熟悉度的评定，得分越低说明该符号熟悉度越低，即辨识率低。最后作为实验材料的 8 个符号的熟悉度分值在前期评定中平均分值均低于 2 分。同时笔者也对本实验所用的数字和大写字母进行了熟悉度的评定，经过 t 检验结果显示数字和大写字母的熟悉度不存在显著性差异（$p<0.05$）。

RSVP 列表为包含 5 个刺激项目的序列，同前面实验一样，为避免实验中变量过多，将刺激呈现速率固定为 150 毫秒/个，目标刺激间隔为 lag1。在重复条件列表中目标刺激平均分布在 1－3、2－4、3－5 位置上。

材料列表制作过程如下：（以 1－3 位置为例，2－4、3－5 位置刺激列表制作与此相同，只是改变目标刺激和填充刺激位置）：

——创建 12 个由数字和字母组成，在 1、3 位置包含重复数字的刺激列表 1，2、4、5 位置为非重复字母。

——将刺激列表 1 中第一刺激 R1 更改为和第三个位置 R2 不同的数字，非目标刺激字母保持不变，此为列表 2。

——将列表 1 中 1、3 位置的重复数字换成重复电脑符号（电脑符号的熟悉度事先已经过检验），完成列表 3。

——将列表 3 中第一个刺激 R1 符号改成不同于第三个位置 R2 的电脑符号，成为列表 4。

刺激材料举例见表 5.1：

表 5.1　刺激材料样例

目标刺激	重复					非重复				
数字	1	D	1	G	Q	5	D	1	G	Q
符号	φ	D	φ	G	Q	#	D	φ	G	Q

在1~4每个列表中随机抽出两个刺激序列作为练习项目，其余40个刺激序列作为正式实验项目。参考上述过程制作在2-4、3-5位置包含重复刺激的项目列表。最终形成包含24个练习序列、120个正式实验序列的总实验材料列表。

为避免被试的反应倾向，在正式实验材料中加入30条填充刺激序列，填充序列的刺激数量为5、4、3，各10条。其中一半由非重复随机数字组成，另一半由非重复符号组成。采用Eprime 2.0程序将材料列表中序列顺序随机化，先呈现24个练习项目；再呈现包含填充序列在内的150条正式实验列表。

（四）实验仪器

实验4a的设备同实验1。

（五）实验程序

首先，注视点“+”在屏幕中间呈现1000毫秒，然后在同一中心位置快速连续呈现序列刺激，每个刺激呈现时间为150毫秒，在最后一个刺激消失后将呈现结束符“?”，要求被试对实验作出反应：如果发现序列中存在重复刺激则按F键，如果没有发现重复刺激则按字母“J”键。为避免被试由于记错按键对结果产生影响，预先在电脑F键上贴上标签“重复”，在J键贴上标签“不重复”。为平衡左右手反应定式，将一半被试的“J”键设定为“重复”，“F”键设定为“非重复”。在正式实验前，每个被试有24个试次的练习，确保被试熟悉实验操作后再进入正式实验。正式实验每个被试需要完成150个试次。整个实验大约持续25分钟，中间不作休息。为避免环境因素对实验的影响，实验在安静、明亮的教室内进行。实验 4a 的流程如图 5.1 所示：

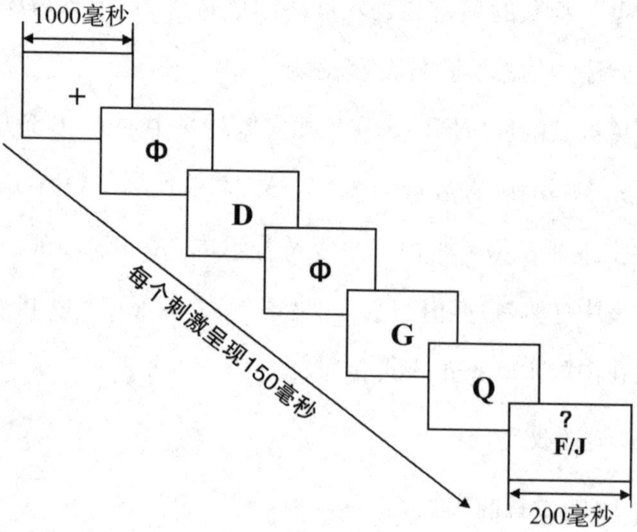

图 5.1 实验 4a 流程图

二、研究结果

实验 4a 数据选取标准同实验 1，在本实验中有 4 名阅读障碍儿童及 4 名正常儿童的数据不符合标准，剩余 28 名被试实验数据均计入最终结果统计。在各种实验条件下，被试报告正确率见表 5.2。

表 5.2 各种实验条件下被试报告正确率的描述性统计（$N=28$，M ± SD）

被试类型	目标刺激：数字			目标刺激：符号		
	重复	非重复	效应量	重复	非重复	效应量
阅读障碍儿童	0. 21 ±0. 07	0. 70 ±0. 05	0. 49 ±0. 08	0. 28 ±0. 06	0. 64 ±0. 10	0. 36 ±0. 13
正常儿童	0. 32 ±0. 13	0. 82 ±0. 07	0. 50 ±0. 14	0. 59 ±0. 12	0. 71 ±0. 10	0. 11 ±0. 17

以被试反应的正确率为因变量，对实验 4a 进行 2（被试类型）×2（目标刺激类型：数字、符号）×2（重复性）的混合实验设计方差分析，方差分析结果见表 5.3。

表 5.3 两组被试在各实验条件下的方差分析

差异来源	*df*	*MS*	*F*	*p*
目标刺激类型：数字、符号	1	0.05	10.81	0.003
重复性：重复、非重复	1	3.72	382.0	0.000
被试类型：正常儿童、阅读障碍儿童	1	0.67	61.99	0.000
重复性×被试	1	0.09	10.17	0.004
目标刺激类型×重复性	1	0.47	52.22	0.000
目标刺激类型×重复性×被试	1	0.10	11.48	0.002

结果显示：被试类型主效应显著，$F_{(1,26)} = 61.99$，$p = 0.000$，$\eta^2 = 0.705$，表现为阅读障碍组的正确率显著低于正常儿童组。重复性主效应显著，$F_{(1,26)} = 382.05$，$p = 0.000$，$\eta^2 = 0.939$，表现为重复条件下的正确率显著低于非重复条件，重复知盲效应存在。目标刺激类型主效应显著，$F_{(1,26)} = 10.81$，$p < 0.005$，$\eta^2 = 0.346$，表现为目标刺激是数字条件下的正确率显著高于目标刺激是符号条件，证明了数字和符号对比确实具有更强的编码效力。被试类型、目标刺激类型、重复性交互作用显著，$F_{(1,26)} = 11.48$，$p < 0.005$，$\eta^2 = 0.306$，结果见表 5.4。

表 5.4　被试类型、目标刺激类型、重复性的简单效应检验

被试类型	重复性	M（a1 - a2）	p	目标类型	M（b1 - b2）	p
正常儿童	重复	-0.273	0.000	数字	-0.496	0.000
	非重复	0.109	0.002	符号	-0.114	0.009
阅读障碍儿童	重复	-0.075	0.026	数字	-0.493	0.000
	非重复	0.063	0.057	符号	-0.355	0.000

注：M（a1 - a2）= 目标刺激数字正确率均值 - 目标刺激符号正确率均值

M（b1 - b2）= 目标重复正确率均值 - 目标非重复正确率均值

为进一步检验目标刺激类型、被试类型、重复性之间的交互效应，进行简单效应分析，结果显示：对于正常儿童而言，重复条件下目标刺激是数字时，被试反应正确率显著低于目标刺激是符号时，$p = 0.000$；非重复条件下结果正好相反，以数字为目标刺激的序列反应正确率高于以符号为目标刺激的序列，如图 5.2（a）所示。当被试是阅读障碍儿童时，重复条件下数字序列的正确率显著低于符号序列，$p = 0.026$；非重复条件下，数字序列和符号序列的正确率没有差异。

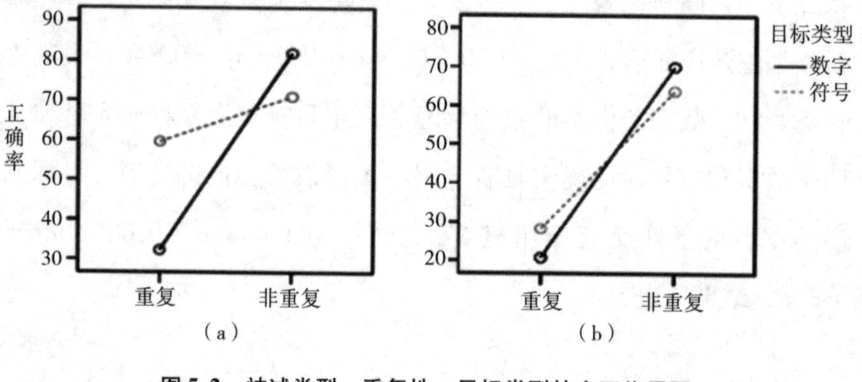

图 5.2　被试类型、重复性、目标类型的交互作用图

为了更好地体现不同实验条件下被试行为之间的差异，以重复知盲效应量为因变量，进一步进行2（被试类型）×2（目标刺激类型：数字－符号）的混合方差分析。结果见表5.5。

表5.5　两组被试在不同目标刺激类型上的方差分析

差异来源	*df*	*MS*	*F*	*p*
目标刺激类型：数字、符号	1	0.946	52.22	0.000
被试类型：正常儿童、阅读障碍儿童	1	0.198	10.17	0.000
目标刺激类型×被试	1	0.208	11.48	0.002

数据显示：目标刺激类型主效应显著，$F_{(1,26)} = 52.22$，$p < 0.001$，$\eta^2 = 0.668$，目标刺激为数字时的重复知盲效应显著大于目标刺激为符号时。被试类型主效应显著，阅读障碍儿童重复知盲效应量显著大于正常儿童，$F_{(1,26)} = 10.17$，$p = 0.000$，$\eta^2 = 0.281$。目标刺激类型与被试类型交互作用显著，$F_{(1,26)} = 11.48$，$p = 0.002$，$\eta^2 = 0.306$，简单效应检验结果见表5.6。

表5.6　目标刺激类型与被试类型的交互作用

被试类型	差异比较（数字、符号）	*p*	刺激类型	差异比较（普通儿童、阅读障碍儿童）	*p*
普通儿童	0.382	0.000	数字	0.003	0.951
阅读障碍儿童	0.138	0.012	符号	－0.241	0.000

当目标刺激为数字时，重复知盲效应没有表现出被试组间差异；

当目标刺激为符号时，重复知盲效应存在组间差异，阅读障碍儿童表现出更高的重复知盲效应量。目标刺激类型与被试类型的交互作用见图5.3。

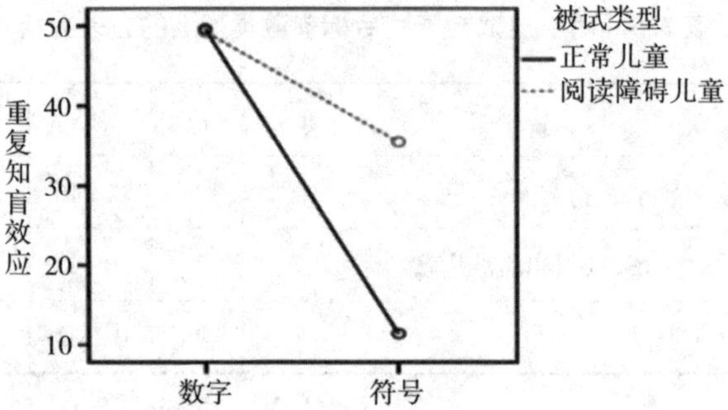

图5.3 被试类型与目标刺激类型的交互作用图

三、分析讨论

（一）目标刺激类型对重复知盲效应的影响

实验4a对刺激目标类型进行了操控，将刺激目标分为两个水平：数字和符号，固定填充刺激为字母。将正确率作为因变量，方差分析结果可见：目标刺激类型主效应显著，目标刺激为数字的情况下，被试报告正确率显著低于目标刺激为符号的情况。刺激类型、重复性和被试类型的交互作用显著，进一步进行简单效应检验发现，以正常儿童为被试的情况下，重复条件下目标刺激为数字的序列被试反应正确率低于目标刺激为符号的序列，非重复条件下目标刺激为数字的序列反应正确率高于目标刺激为符号的序列，这导致两种条件下重复知盲的效应量差异显著。此结果与冷英等人同样采用数字和符号作为目标刺激的研究结果一致①。不同之处在于冷英的研究中非目标刺激为数字，而实验4a将和数字具有同等编码力的字母作为非目标刺激，其结果的比对更加科学、更有说服力。数字的编码优势效应得以充分体现，结果符合竞争假设与本实验的预期。

在以阅读障碍儿童为被试的结果中，在重复条件下目标刺激为数字的序列的反应正确率显著低于目标刺激为符号的序列；而在非重复条件下，阅读障碍儿童对两种目标刺激类型的反应正确率没有出现差异，这同时表明阅读障碍儿童对不同类型刺激的区分不敏感。根据标记个体化理论分析，影响重复知盲的因素主要是刺激呈现时间和两个目标刺激之间的间隔数量，但实验4a中，在目标刺激呈现时间和目标刺激间隔都作为控制变量的情况下，目标刺激的不同类型影响了重复知盲效应，证明了刺激编码“加工优势”的存在，即对目标刺激类型的加工存在优、劣程度的差异。在重复知盲产生的过程中，“加工优势”主要体现在重复刺激R1对R2的“掩蔽”，R1编码效力越大对R2的掩蔽效应越明显，其觉察就越困难。

（二）两组被试重复知盲效应的差异比较

研究结果显示，被试类型主效应显著，总体上阅读障碍儿童的重复知盲效应大于正常儿童，这表明普通儿童在RSVP任务中的表现优于阅读障碍儿童，相比之下阅读障碍儿童在视知觉检索任务中存在加工劣势。具体而言，当刺激材料为数字时，阅读障碍儿童和

① 冷英，邹煜晖，莫雷. 刺激的编码效力对重复知盲的影响[J]. 心理学报，2014，46(5)：593－606.

普通儿童的重复知盲效应量没有差异，说明在目标刺激为数字的序列中，尽管阅读障碍儿童存在着知觉加工的缺陷，但是由于数字的编码效力足够大，两组被试在两种重复条件下的正确率差没有显著性差异，也就是说先行刺激 R1 对后续重复刺激 R2 的“掩蔽量”没有产生被试的组间差异。从另一个角度解释，目标－非目标刺激在以数字为目标的序列中产生的信噪比没有组间差异。

但是在目标刺激为符号的序列中，重复知盲效应量的组间差异显著，阅读障碍儿童的重复知盲效应显著大于正常儿童。在目标刺激为符号时，对于正常儿童而言，符号属于低识别率信息，首次出现的符号对下一个符号的前向掩蔽效果不明显。此外，符号和字母的差异较大，符号 R2 在竞争中能够获得更大的激活优势，这就导致正常儿童在重复条件下仍有较高的正确率，重复知盲效应量较小，此结果与冷英等人的研究结果一致①。阅读障碍儿童此时表现出了更大的重复知盲效应，这种现象的出现显然不能用先行刺激的编码优势解释，因为和正常儿童相比，阅读障碍儿童并没有表现出符号加工的优势。值得一提的是，竞争理论不仅强调了先行刺激对后续重复刺激的掩蔽作用，也强调了目标刺激与非目标刺激的竞争作用。普通儿童在符号－字母条件下重复知盲效应量减少，可以解释为符号和字母之间具有较大的区分度，因此符号 R2 获得了竞争优势。而阅读障碍儿童在 RSVP 任务中，除对符号本身的加工不良之外，对

① 冷英，邹煜晖，莫雷. 刺激的编码效力对重复知盲的影响[J]. 心理学报，2014，46(5)：593－606.

符号–字母的区分存在困难，以至于在和邻近字母的竞争中，重复条件下目标符号 R2 并未能体现出竞争优势，所以在重复条件下的正确率也比较低，虽然对比目标刺激为数字时的重复知盲效应有所降低，但从交互效应的直观图可以看出其变化幅度没有正常儿童大。由此可以说明，除了存在对目标刺激的编码不良外，阅读障碍儿童对噪声或无关刺激的抑制功能缺陷可能是阅读障碍儿童重复知盲发生的更重要的原因。抑制是对进入工作记忆中的信息进行筛选控制，以防止无关信息干扰目标认知加工的积极压制过程①，已有研究表明阅读障碍儿童存在抑制执行功能的薄弱②，也有观点认为阅读障碍儿童仅存在基础语言加工的缺陷，不存在反应抑制的缺陷③。

在以往有关重复知盲的发生机制研究中，除了对重复知盲发生阶段存在争议外，另一个重要的议点是重复知盲是源于对重复刺激的加工情景混淆还是对重复刺激的抑制。竞争假设理论属于抑制说，它认为重复知盲的产生是由于重复刺激在序列中处于竞争劣势，受到了抑制，个体无法成功激活该刺激。实验 4a 通过目标刺激不同类型对重复知盲的影响，表明了阅读障碍儿童存在抑制缺陷，其结果更符合竞争假设理论的观点。

---

① 何梅，张微，宋红艳. ADHA 的抑制缺陷和厌恶延迟：来自双通道模型的解释[J]. 心理科学，2012，35(4)：1018–1022.

② Chiappe P, Siegel L S, Hasher L. Working memory, inhibitory control, and reading disability[J]. Memory & cognition, 2000, 28(1): 8–17.

③ 张微，周兵平，何梅，等. 阅读障碍与注意缺陷多动障碍儿童的语言加工和反应抑制[J]. 心理科学，2016，39(4)：893–899.

第二节 非目标刺激类别属性对阅读障碍儿童重复知盲效应的影响

实验4a对目标刺激类型进行了操控，采用数字、符号这两种对普通人而言具有不同编码效力的刺激材料，结果发现正常儿童组在目标刺激为符号的条件下，重复知盲效应减弱，但阅读障碍组在两种条件下均表现出了重复知盲效应。根据重复知盲的定义，之所以出现这一现象，是因为被试对于重复刺激R2的知觉编码和记忆提取不成功。在加大目标-非目标区分度后，重复知盲减小，说明重复刺激因获得了更大的竞争优势而得以识别，但阅读障碍儿童仍然表现出较大的重复知盲，即客观上刺激区分度的增加并未提高其在被试主观知觉领域的刺激区分度，符号在和字母竞争的过程中，没有体现出竞争优势，说明阅读障碍儿童在视知觉加工过程中，存在明显的抑制缺陷。

不同于英文等拼音文字，汉字作为表意文字，表象性是其基本属性①，对汉字进行加工以表象为基础先导。尽管学界普遍认同阅读障碍儿童存在语音意识缺陷，但他们对于文字信息的加工存在更为基础的困难，即视觉加工缺陷。Ho等人的研究提出，视觉加工特

① 王兴国.论汉字的表象性与书法形式之美[J].中华文化论坛.2013,81(1):100-103.

点能够准确预测低龄儿童（3~7岁）的汉语阅读情况①。在一项跨文化比较研究中发现，语音意识能够准确预测8岁英国儿童的阅读成绩，但正字法-语音联合学习成绩能更好地预测汉语儿童的阅读水平②。如果同样是表象加工缺陷，在以汉字为目标刺激的RSVP任务中，阅读障碍儿童可能表现出类似于实验4a中对于符号的加工情况：当出现重复的汉字时，尽管目标刺激和非目标刺激存在较大差异，但他们仍然会出现较大的重复知盲效应量；而此时正常儿童组由于受目标-非目标对比度提高的影响，重复知盲效应减小甚至可能会消失，这正是实验4b想要验证的问题。

实验4b将以高频独体汉字作为目标刺激材料，操控非目标刺激的编码效力，使用高编码力的数字和低编码力的符号进一步验证阅读障碍儿童的视知觉编码对重复知盲的影响。另外，实验4a推论，阅读障碍儿童存在视知觉抑制功能缺陷，那么，这种抑制功能缺陷是存在于较为基础的类别属性加工阶段还是存在于更高级的意义加工阶段呢？如果阅读障碍儿童的视知觉抑制缺陷发生在基础类别属性加工阶段，那么RSVP任务中，对重复目标R2的报告会受目标-非目标类别的影响，即不同类型的非目标刺激均会增大其编码噪声，造成R2的报告更加困难，不同类型的非目标刺激对重复知盲的影响不大；但如果抑制功能缺陷存在于更高级的语义加工阶段，对重复目

① Ho C S H, Bryant P. Phonological skills are important in learning to read Chinese[J]. Developmental psychology, 1997, 33(6): 946.

② Huang H S, Hanley J R. Phonological awareness and visual skills in learning to read Chinese and English[J]. Cognition, 1995, 54(1): 73-98.

标的检测受非目标词编码效力的影响，编码效力高的非目标词会造成重复刺激 R2 报告的困难，而在编码效力低的非目标词序列中，重复刺激 R2 受到的掩蔽影响小，其加工识别不受影响，不同类型的非目标刺激会对重复知盲产生显著差异。实验 4b 将对这一问题进行验证。

实验 4b 假设，阅读障碍儿童视知觉加工的抑制困难存在于基础加工阶段，当目标－非目标属于不同类型时，阅读障碍儿童不能对类别不同的刺激进行很好的辨识，非目标对目标的干扰增大，对重复目标的检测会出现困难；而同样条件下，普通儿童可能在视觉编码中，对不同类别的刺激有很好的辨识，可以利用目标－非目标差异，提高重复目标 R2 报告的正确率。

一、研究方法

（一）被试情况

参加实验 4a 的被试同样参加实验 4b，为避免练习效应和疲劳效应，两次实验中间间隔 5 天。

（二）实验设计

实验 4b 为 2（被试类型：阅读障碍儿童、正常儿童）×2（非目标刺激类型：数字、符号）×2（重复条件：重复、非重复）三因素混合实验设计，其中被试类型为被试间变量，重复条件及非目标刺激类型为被试内变量，因变量是被试判断有无重复的正确率及重复知盲效应量。

具体而言，在有重复的序列中，被试回答有重复，记为正确；

而在无重复的序列中，被试回答无重复，记为正确。重复知盲效应量=非重复条件下正确率-重复条件下正确率。

（三）实验材料

实验4b采用具有较高编码效力的独体高频汉字为目标刺激，以编码效力较低的符号和编码效力较高的数字作为非目标刺激。

实验材料中选用的汉字同时符合以下三个标准：一是这些汉字在《现代汉语频率词典》中字频大于200次/百万；二是这些汉字在小学3~5年级阅读要求掌握的汉字范围内；三是这些汉字都是笔画在3~10画之间的独体字。将预先筛选出来的40个汉字采用里克特量表进行熟悉度评分，评分者为3~5年级的正常小学生，且不参加此后的正式实验。保留平均熟悉度大于等于4的25个汉字作为最终实验材料。

电脑符号是φ、#、¥、%、&、£、$、ψ这8个识别率较低的电脑符号，电脑符号筛选程序见实验4a的实验材料。

RSVP程序中每个序列由5个刺激组成，为避免实验中变量过多，将刺激呈现速率固定为150毫秒/个，目标刺激间隔为lag1，目标刺激平均分布在1-3、2-4、3-5的位置。

材料列表制作过程（以1-3位置为例，2-4、3-5位置刺激列表制作与此相同，只改变目标刺激和填充刺激位置）：

——创建12个由汉字和数字组成，在1、3位置包含重复汉字的刺激列表1，2、4、5位置为非重复数字。

——将刺激列表1中的第一刺激R1更改为和第三个位置R2不

同的汉字，非目标刺激数字保持不变。此为列表2。

——将列表1中2、4、5位置的非重复数字替换为3个非重复电脑符号。

——将列表2中2、4、5位置的非重复数字替换为3个非重复电脑符号。

刺激材料举例见表5.7：

表5.7 刺激材料样例

非目标刺激	重复					非重复				
数字	人	2	人	4	7	天	2	人	4	7
符号	人	φ	人	#	£	天	φ	人	#	£

将4个列表进行组合，形成包含48条刺激序列的实验材料，再改变目标刺激位置到2-4、3-5位置，形成另外两份各包含48条刺激序列的实验材料，三份材料共144条刺激序列，其中24条作为练习，120条作为正式实验材料。

为避免被试的反应倾向，在正式实验材料中加入30条填充刺激序列，填充序列的刺激数量为5、4、3，各10条。其中一半由非重复汉字组成，另一半由非重复符号组成。

在实验过程中，每套材料中刺激序列呈现顺序由E-prime程序随机安排。先呈现24个练习项目；再呈现包含了填充序列在内的150条正式实验列表。对填充刺激的反应不计入实验4b的计算。

（四）实验仪器

实验4b的仪器同实验1。

（五）实验程序

首先，注视点“+”在屏幕中间呈现1000毫秒，然后在同一中心位置快速连续呈现1条序列刺激，每个刺激呈现时间为150毫秒，在最后一个刺激消失后将呈现结束符“?”，要求被试对实验作出反应：如果发现序列中存在重复刺激则按“F”键，如果没有发现重复刺激则按“J”键。为避免被试由于记错反应按键对结果产生影响，预先在电脑“F”键上贴上标签“重复”，在“J”键贴上标签“不重复”。为平衡左右手反应定式，另一半被试的“J”键设定为“重复”，“F”键设定为“非重复”。在正式实验前，每个被试有24个试次的练习，确保被试熟悉实验操作后再进入正式实验。正式实验每个被试需要完成150个试次。整个实验大约持续20分钟，中间不作休息。为避免环境因素对实验的影响，实验在安静、明亮的教室内进行。本实验程序如图5.4所示：

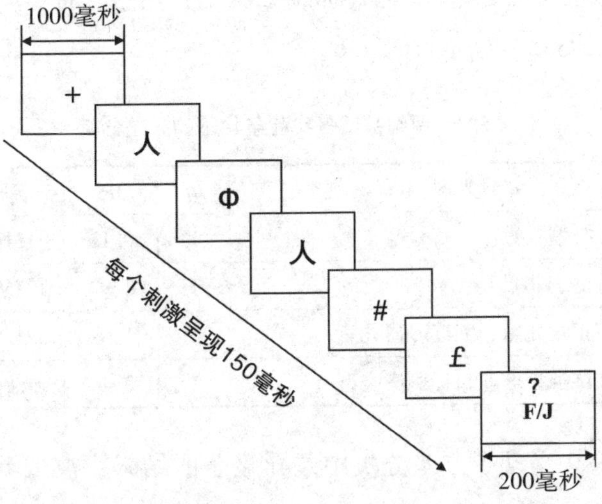

图5.4　实验4b流程图

二、研究结果

实验 4b 的数据预处理标准同实验 1，本实验中有 4 名阅读障碍儿童及 4 名正常儿童的数据不符合标准，剩余 28 名被试实验数据均计入最终结果统计。在各种实验条件下，两组被试报告正确率见表 5.8。

表 5.8 各种实验条件下被试报告正确率的描述性统计（$N=28$，M ± SD）

被试类型	非目标刺激：数字			非目标刺激：符号		
	重复	非重复	效应量	重复	非重复	效应量
阅读障碍儿童	0.27 ±0.09	0.65 ±0.10	0.38 ±0.14	0.25 ±0.07	0.59 ±0.08	0.34 ±0.12
正常儿童	0.64 ±0.11	0.83 ±0.08	0.19 ±0.11	0.75 ±0.11	0.73 ±0.09	-0.01 ±0.07

以被试反应的正确率为因变量，对实验 4b 进行 2（被试类型）×2（重复性）×2（非目标刺激类型：数字、符号）的混合实验设计方差分析，结果见表 5.9。

表 5.9 两组被试各实验条件下的方差分析

差异来源	*df*	*MS*	*F*	*p*
非目标刺激类型：数字、符号	1	0.13	1.14	0.295
重复性：重复、非重复	1	3.92	171.95	0.000
被试类型：正常儿童、阅读障碍儿童	1	1.02	325.59	0.000
重复性×被试类型×非目标刺激类型	1	0.44	5.04	0.034

表 5.9 中呈现了方差分析中差异显著的结果：被试类型主效应显著，$F_{(1,26)}=325.59$，$p=0.000$，$\eta^2=0.926$，表现为阅读障碍组的

正确率显著低于正常年龄组。重复性主效应显著，$F_{(1,26)}=171.95$，$p=0.000$，$\eta^2=0.868$，表现为重复条件下的正确率显著低于非重复条件，重复知盲效应存在。非目标刺激类型主效应不显著，$F_{(1,26)}=1.14$，$p>0.05$，$\eta^2=0.042$，非目标刺激是汉字或符号对整体正确率不产生影响。重复性、被试类型、非目标刺激类型之间出现了交互作用，$F_{(1,26)}=5.04$，$p<0.05$，$\eta^2=0.162$，简单效应检验结果见表5.10。

表5.10 非目标刺激类型、重复性的简单效应检验

学生类型	重复性	M（a1－a2）	p	非目标类型	M（b1－b2）	p
正常儿童	重复	－0.087	0.031	数字	－0.175	0.000
	非重复	0.093	0.013	符号	0.005	0.009
阅读障碍儿童	重复	0.030	0.473	数字	－0.377	0.000
	非重复	0.051	0.185	符号	－0.355	0.000

注：M（a1－a2）＝非目标刺激为数字的正确率均值－非目标刺激为符号的正确率均值

M（b1－b2）＝目标重复正确率均值－目标非重复正确率均值

简单效应检验及多重比较结果显示，对于正常儿童而言，非目标刺激是数字时，重复序列正确率低于非重复序列，重复知盲效应显著；非目标刺激为符号时，重复条件和非重复条件下正确率没有显著差异，重复知盲消失；但对于阅读障碍儿童来说，非目标刺激为数字的情况下，重复条件下正确率显著低于非重复条件下正确率（$p=0.000$），非目标刺激为符号时，也出现了类似的结果（$p=0.000$），即无论填充何种刺激，对阅读障碍儿童来说，都出现了重复知盲效应。重复性、被试类型及非目标刺激类型的交互作用见图5.5。

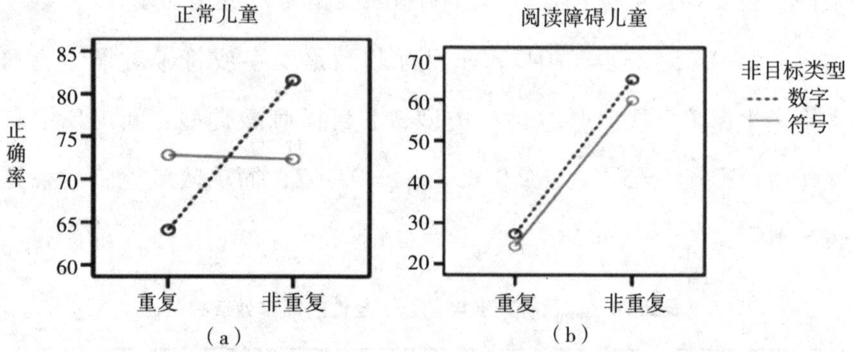

图5.5 被试类型、非目标类型、重复性的交互作用图

为了更好地考察非目标刺激类型对两组被试重复知盲效应的影响，再以重复知盲效应量为因变量，进行2（被试类型）×2（非目标刺激类型）的混合实验设计方差分析，结果见表5.11。

表5.11 两组被试在非目标刺激类型上重复知盲效应的方差分析

差异来源	*df*	*MS*	*F*	*p*
非目标刺激类型：数字、符号	1	0.14	8.011	0.009
被试类型：正常儿童、阅读障碍儿童	1	1.101	117.511	0.000
被试类型×非目标刺激类型	1	0.088	5.04	0.034

数据显示：被试类型主效应显著，$F_{(1,26)}=117.51$，$p=0.000$，$\eta^2=0.819$，阅读障碍儿童表现出的重复知盲效应量显著大于正常儿童。非目标刺激类型主效应显著，$F_{(1,26)}=8.011$，$p=0.009$，$\eta^2=0.236$，非目标为数字时的重复知盲效应大于非目标刺激为符号时。

被试类型、非目标刺激类型交互作用显著，$F_{(1,26)}=5.04$，$p=0.034$，$\eta^2=0.162$，进一步进行简单效应检验，结果见表5.12。

表5.12　被试类型、非目标刺激类型的简单效应检验

被试类型	差异比较（数字、符号）	p	刺激类型	差异比较（普通儿童、阅读障碍儿童）	p
普通儿童	0.180	0.001	数字	−0.202	0.001
阅读障碍儿童	0.021	0.692	符号	−0.361	0.000

在非目标刺激为数字和符号两种条件下，阅读障碍儿童都表现出比普通儿童更大的重复知盲效应量。另一个方向的简单效应检验结果显示：普通儿童在非目标刺激为数字序列中的重复知盲效应量显著大于非目标刺激为符号的序列，这表明非目标刺激类型影响普通儿童的重复知盲效应；阅读障碍儿童在非目标刺激两种类型条件下的重复知盲效应量没有显著性差异，这表明非目标刺激类型对阅读障碍儿童重复知盲效应没有影响。被试类型、非目标刺激类型的交互作用见图5.6。

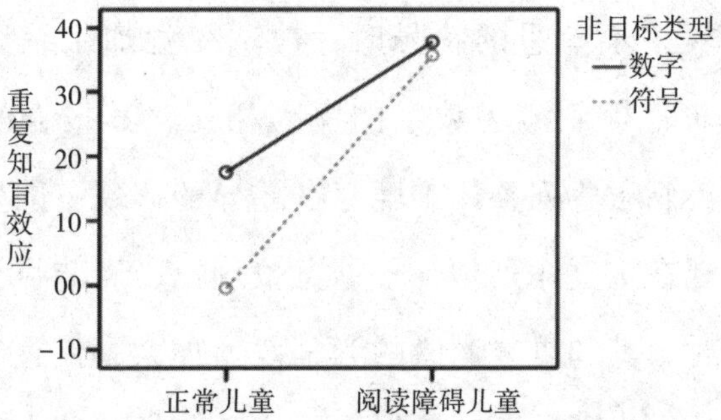

图5.6　被试类型、非目标刺激类型的交互作用图

三、讨论

本研究对序列非目标刺激类型进行了操控，将非目标刺激类型分为两个水平：数字和符号，固定目标刺激为高频独体汉字。希望研究以下两方面的内容：一是在目标刺激识别率高的情况下，低识别率的非目标刺激（符号）和高识别率的非目标刺激（数字）是否会影响重复知盲现象；二是和正常儿童相比，阅读障碍儿童对于汉字信息的加工是否存在抑制功能缺陷。

（一）非目标刺激类型对重复知盲效应的影响

实验4b的结果显示，以正确率为因变量的方差分析中，非目标刺激类型主效应显著，但是重复性、被试类型及非重复刺激类型三者存在交互作用。具体分析为，对正常儿童而言，在非重复序列中，非目标刺激是数字时的反应正确率大于非目标刺激是符号的情况，这表明总体来看数字具有编码优势效应。实验4b中的任务是报告整个序列中是否存在重复刺激，并未强调目标及非目标的差异，以确保被试认真观察每个刺激。这种情况下，当序列中出现较多不熟悉的符号时，被试视觉加工编码的难度增加，因此与非目标刺激为数字的序列相比，其报告的正确率更低，正是两类刺激序列整体难度存在差异的体现。同样数字的编码优势也体现在重复序列中，根据竞争理论，当非目标刺激获得高效率编码时，其和重复刺激的竞争效力加大，使重复刺激处于竞争劣势，从而出现更高的错误率，这一结果和前人的研究结果一致[①]。另外，在非目标刺激为符号时，序列中目标 - 非目标刺激差异变大，可以从整体上帮助被试提高重复刺激 R2 的识别正确率。基于以上分析，正常儿童在非目标刺激为数字的序列中出现了重复知盲，而在非目标刺激为符号的序列中重复知盲现象则消失，重复知盲现象消失可以看作是汉字和填充刺激对比中出现"锐化"的结果，因此两种非目标刺激类型条件下的重复知盲效应量差异显著。

对阅读障碍儿童而言，非目标刺激类别对重复知盲的影响则出现了不一样的结果。非目标刺激为数字条件下的重复知盲效应虽大于符号条件，但是这种差异不显著。此结果明显不能完全用数字的优势编码效力来解释，对比数字的编码优势，当非目标刺激为符号时，阅读障碍儿童没有出现很高的正确率，这是阅读障碍儿童对不同类型的目标和非目标区分不敏感导致的。也就是说，阅读障碍儿童对非目标存在明显的抑制缺陷，这和实验 4a 的结果一致。以往的研究表明，重复知盲的产生源于对重复刺激个性化的抑制，重复刺激在竞争中的结果同时和个体的抑制能力密切相关。

（二）两组被试重复知盲效应的差异分析

实验 4b 的结果显示，被试类型主效应显著，阅读障碍儿童的重复知盲效应显著大于正常儿童。正常儿童在 RSVP 任务中保持了较高的正确率，阅读障碍儿童在视觉搜索任务中正确率却显著低于普

① 夏依婷，冷英，陈燕，等. 汉语颠倒词加工中重复知盲发生的水平[J]. 心理学报，2012，44(12)：1583 - 1595.

通儿童，反映了其汉字表象编码功能的缺陷。大量研究结果已经证明，阅读障碍儿童的低水平视觉加工问题源自其视觉大细胞－背侧通路的异常①②，但也有研究表明这种编码缺陷源于阅读障碍儿童存在更加深层次的认知缺陷。

无论非目标刺激是数字还是符号，阅读障碍儿童均表现出了明显的重复知盲。Bruce 和 Michael 对重复知盲的研究中提到，目标识别度是影响重复知盲效应量的关键因素③，但根据竞争理论，目标－非目标的对比是另一个重要的影响因素，对于重复刺激 R2 的正确检索同时依赖于对非目标“噪声”干扰的有效抑制。阅读障碍儿童对于汉字信息的加工，存在视知觉、语音意识等多个水平的困难，因此他们在 RSVP 任务中对目标刺激汉字的加工必然效果不佳，显然不能用汉字的编码优势解释其表现出的重复知盲。阅读障碍儿童存在噪声抑制的缺陷④，本结果更合理的解释是非目标刺激的高噪声干扰影响了重复刺激的信息加工，即对噪声的抑制功能缺陷是产生重复知盲的原因，这一点与实验 4a 的结果一致。另外，实验 4b 还想要考察这种抑制功能的缺陷体现在知觉加工的哪一个阶段，因

① Boets B, Vandermosten M, Cornelissen P, et al. Coherent motion sensitivity and reading development in the transition from prereading to reading stage[J]. Child development, 2011, 82(3): 854－869.

② 季雨竹，张逸玮，毕鸿燕. 汉语发展性阅读障碍儿童的视觉大细胞－背侧通路功能[J]. 心理与行为研究，2018，16(5): 577－582.

③ Bruce W A, Michael E J. Repetition blindness in rapid lists: activation and inhibition versus construction and attribution[J]. Journal of experimental psychology: learning, memory and cognition, 2005, 31(1): 54－67.

④ 季雨竹，毕鸿燕. 发展性阅读障碍的噪音抑制缺陷[J]. 心理科学进展，2019，27(2): 201－208.

此设计了两种不同类型的非目标刺激：高编码效能的数字和低编码效能的符号，两种非目标刺激与目标刺激汉字均存在显著类型差异。如果抑制功能缺陷发生在知觉加工后期，涉及信息意义的解释和确认，那么当非目标刺激是高编码效能的数字时，对重复刺激 R2 检测的干扰会大于非目标刺激是低编码效能的符号时，即非目标刺激为符号的序列中，重复条件下的正确率应高于非目标刺激为数字条件下的正确率。实验 4b 的结果显示，当被试为阅读障碍儿童时，非目标刺激的性质并不影响重复刺激报告的正确率，说明阅读障碍儿童抑制功能的缺陷发生在知觉初期阶段，此结果和王恩国有关阅读障碍儿童抑制神经机制的研究结论一致①。但对另一类特殊儿童进行研究发现，注意缺陷多动障碍者在知觉阶段没有表现出明显的抑制缺陷②，通过不同群体的对比，更加突出了阅读障碍儿童在知觉加工中的缺陷。

前人对阅读障碍儿童抑制功能缺陷的研究或是更关注空间信息，或是仅证明了抑制功能缺陷的存在，说明抑制功能缺陷发生阶段的研究不多，特别在重复知盲的研究中，并未对重复刺激的抑制进行深入探讨。实验 4b 通过探究非目标类型对重复知盲的影响，从行为学角度发现了正常儿童和阅读障碍儿童的抑制功能缺陷的不同阶段，丰富了阅读障碍儿童的抑制缺陷研究。

---

① Wang E, Kai W, Wang C, et al. Inhibitory defects in Chinese children with developmental dyslexia[J]. Neuropsychiatry(London), 2018, 8(6): 2004 – 2007.

② 王勇慧，王玉凤，周晓林. 注意缺陷多动障碍儿童在不同加工阶段的干扰控制[J]. 心理学报，2006，38(2)：181 – 188.

实验 4 的结果表明：

目标刺激类型影响重复知盲效应。编码效力大的数字产生的重复知盲效应比编码效力小的符号大，阅读障碍儿童和正常儿童在目标刺激为数字条件下的重复知盲效应不存在显著性差异，但在目标刺激为符号时，两组的重复知盲效应存在显著性差异。

不同类别的非目标刺激是否对重复知盲产生影响受非目标刺激与目标刺激间的竞争影响。阅读障碍儿童在非目标刺激为数字和符号两种条件下的重复知盲效应差异不显著，正常儿童在非目标刺激为数字时产生的重复知盲效应显著大于非目标刺激为符号时。

刺激类别属性对阅读障碍儿童重复知盲效应的影响符合竞争假设理论；阅读障碍儿童在 RSVP 任务中表现出普遍的视知觉加工缺陷，除对目标刺激的加工不良外，还同时存在对非目标刺激的抑制功能缺陷，这种抑制功能缺陷存在于视知觉加工的初始阶段，而正常儿童的抑制功能缺陷存在于更加高级的语义加工阶段。

第六章　刺激语义编码对阅读障碍儿童重复知盲效应的影响（实验5）

实验 3 和实验 4 分别从刺激的物理属性和类别属性方面探讨了编码力对重复知盲的影响，结果发现阅读障碍儿童存在知觉加工的缺陷，表现在和正常儿童相比，阅读障碍儿童存在注意资源分配和对非目标的抑制能力的不足。这两个实验可以被看作是一个纯粹的感知任务，也就是说被试更多依赖于目标的知觉特征来完成任务，从而忽视了目标刺激所携带的更加抽象的信息，如语义信息。语义编码是如何影响重复知盲的？这一问题的研究对重复知盲的发生阶段能提供有力的证据。另外，研究表明阅读障碍儿童存在语义的编码缺陷①，他们在重复知盲的发生过程中与正常儿童的差异也是本书关注的问题。

---

① 刘翔平，丁玎，杨双. 阅读障碍儿童语音提取[J]. 心理与行为研究，2005，3(3)：169 – 172.

竞争假设认为重复知盲既可以发生在知觉加工阶段，又可以发生在记忆提取阶段，有关重复知盲是否能发生在语义水平上目前结论不一。有学者认为重复知盲没有发生在语义水平，如 Kanwisher、Potter 在研究中发现语义相关词中并不存在重复知盲①，王爱平、张厚粲在研究汉语句子的重复知盲时也发现重复知盲未发生在语义阶段②。而一些支持语义会影响重复知盲的研究，在意义相同的不同图片中及语义相关词中都发现了重复知盲③，夏依婷等人采用汉语颠倒词为实验材料发现了重复知盲发生在语义水平④。在和名字、情绪面孔有关的重复知盲研究中，大多数学者支持语义会影响重复知盲⑤⑥，也有研究发现同一情绪、不同身份的面孔不存在重复知盲⑦。为更好地揭示阅读障碍儿童重复知盲的发生机制，本章将继续围绕这一问题进行探讨。

---

① Kanwisher N G, Potter M C. Repetition blindness: levels of processing[J]. Journal of experimental psychology: human perception and performance, 1990, 16(1): 30.

② 王爱平，张厚粲. 汉语句子加工中 RB 效应的研究[J]. 心理科学，2006，29(4): 848 - 851.

③ Campbell J I D, Fugelsang J A, Hernberg V D. Effects of lexicality and distinctiveness on repetition blindness[J]. Journal of experimental psychology: human perception and performance, 2002, 28(4): 948 - 962.

④ 夏依婷，冷英，陈燕，等. 汉语颠倒词加工中重复知盲发生的水平[J]. 心理学报，2012，44(12): 1583 - 1595.

⑤ Arnell K M, Shapiro K L, Sorensen R E. Reduced repetition blindness for one's own name[J]. Visual cognition, 1999, 6(6): 609 - 635.

⑥ Engen H G, Smallwood J, Singer T. Differential impact of emotional task relevance on three indices of prioritized processing for fearful and angry facial expressions[J]. Cognition and emotion, 2017, 31(1): 175 - 184.

⑦ Buttle H. Repetition blindness for faces reflects identity coding but not emotion coding[J]. Perceptual & motor skills, 2010, 110(1): 245 - 256.

实验5将使用不同类型的情绪词作为目标刺激，以中性词为非目标刺激，考察不同目标刺激的语义编码对阅读障碍儿童重复知盲的影响。本实验结合竞争假设理论及前人研究作出以下假设：对两组儿童而言，目标刺激为负性词引起的重复知盲效应都比中性词大，目标词语义编码影响重复知盲，阅读障碍儿童的重复知盲效应依然大于正常儿童。

第一节　刺激语义编码对阅读障碍儿童重复知盲效应的研究方法

一、被试情况

实验5选取18名阅读障碍儿童和16名正常儿童进入实验，选取标准同实验1。

二、实验设计

实验5为2（学生类型：阅读障碍儿童、正常儿童）×2（重复条件：重复、非重复）×2（目标情绪词类型：负性词、中性词）三因素混合实验设计，其中被试类型为被试间变量，重复条件及目标情绪词类型为被试内变量，因变量是判断有无重复刺激的正确率及重复知盲效应量。

具体而言，在有重复的序列中，被试回答有重复，记为正确；

而在无重复的序列中，被试回答无重复，记为正确。重复知盲效应量=非重复条件下正确率－重复条件下正确率。

三、实验材料

本实验材料取自汉语情感词系统（CAWS）[①]，选出负性词、中性词各20个。独立样本t检验结果显示，两组情绪词在效价上存在显著性差异，负性词的效价显著低于中性词，两组情绪在唤醒度及熟悉度上的差异不显著。由于编制CAWS时的被试为大学生，而本实验被试为小学五年级学生，所以为保证实验材料的可靠性，本实验选取了60名四、五年级的小学生对选出的情绪词进行再评价，前人研究表明词频对重复知盲有重要的影响，且词频和熟悉度相关度较高[②]，基于被试的特殊性，为避免实验材料本身对实验结果的影响，本实验采用1～9级评定同时对词语的效价、唤醒度、熟悉性进行了再评定，其中效价1～9依次表示不愉快－愉快，唤醒度1～9依次表示低唤醒－高唤醒，熟悉度1～9依次表示不熟悉－熟悉。独立样本t检验结果显示，两组情绪词存在效价的显著性差异，负性词的效价显著低于中性词，在唤醒度和熟悉度上两组情绪词间的差异不显著。具体结果见表6.1：

---

① 王一牛，周立明，罗跃嘉．汉语情感词系统的初步编制及评定［J］．中国心理卫生杂志，2008，22（8）：608－612．

② 孙娜娜，李小建．汉字词频与熟悉度关系的研究［J］．内蒙古师范大学学报，2017，46（6）：37－40．

表6.1　两组情绪词效价、唤醒度及熟悉度的平均数及标准差（*N*=60，M±SD）

情绪词	大学生			小学生		
	效价	唤醒度	熟悉度	效价	唤醒度	熟悉度
负性词	2.84±0.19	5.62±0.61	5.54±0.31	2.45±0.51	4.72±0.80	5.54±0.51
中性词	5.92±0.60	5.57±0.15	5.45±0.68	4.75±0.44	4.80±0.70	5.61±0.50
*p*值	0.000	0.747	0.587	0.000	0.676	0.537

RSVP中每个列表有5个词语，为避免实验中变量过多，同样将刺激呈现速率固定为150毫秒/个，目标刺激位置平均分配在1－3、2－4及3－5位置上。

材料列表制作过程：

——创建36个目标重复刺激由负性词组成，非目标刺激由中性词组成的列表1。

——将刺激列表1中重复刺激R2更改为和R1不同的负性词，非目标刺激保持不变，此为列表2。

——将列表1中的目标重复刺激改为中性词，完成列表3。

——将列表3中重复刺激R2改成不同于R1的中性词，且不与非目标刺激重复，成为列表4。

刺激材料举例见表6.2：

表6.2　实验材料举例

目标情绪词	重复条件	非重复条件
负性词	人才　军队　厌恶　电脑　厌恶	人才　军队　厌恶　电脑　伤心
中性词	人才　军队　国家　电脑　国家	人才　军队　国家　电脑　人格

将4个列表进行组合，形成包含144条刺激序列的总列表材料，其中24条刺激序列作为练习项目，120条刺激序列作为正式实验材料。

为避免被试的反应倾向，在正式实验材料中加入30条填充刺激序列，填充序列的词语数量分别为5、4、3。其中：刺激数为5个的填充序列10条，一半由5个非重复随机中性词组成，另一半由5个非重复负性词组成；刺激数为4个的填充列表10条，一半由4个非重复随机中性词组成，另一半由4个非重复负性词组成；刺激数为3的列表10条，一半由3个非重复随机中性词组成，另一半由3个非重复负性词组成。

在实验过程中，每套材料中列表呈现顺序由E-prime程序随机安排。先呈现20个练习列表；再呈现包含了填充列表在内的150条正式实验列表。

四、实验仪器

实验5仪器同实验1。

五、实验程序

实验5采用经典RSVP实验范式，实验程序为：首先注视点“+”出现1000毫秒，然后在同一中心位置快速连续呈现5个序列词语，每个词语呈现时间分别150毫秒，在最后一个刺激消失后将呈现结束符“?”，要求被试对实验作出反应，如果发现刺激中存在重复词则按字母键“F”，如果没有发现重复词则按字母键“J”。在正式实验前，每个被试有15个试次的练习，直到熟练后才进入正式实验。正式实验每个被试需要完成150个试次。整个实验大约持续20分钟，中间不作休息。为避免环境因素的影响，本实验在安静、明亮的教室内进行。实验流程如图6.1所示：

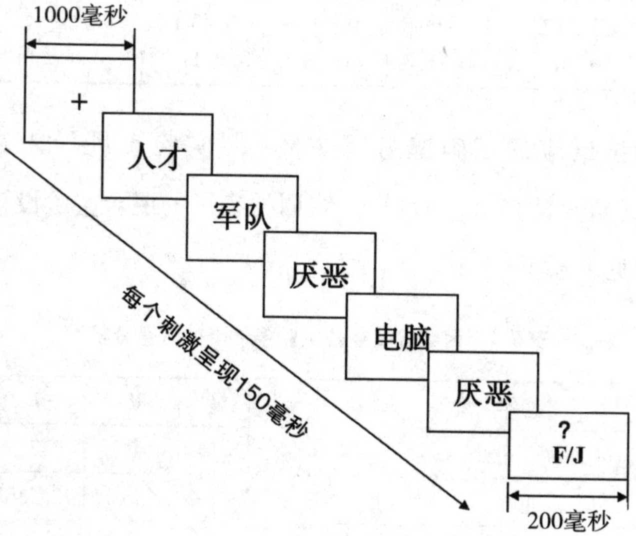

图6.1　实验5流程图

第二节　刺激语义编码对阅读障碍儿童重复知盲效应的研究结果

采用SPSS 22.0对收集到的数据进行统计处理，首先对所有数据进行预处理，方法同实验1。结果发现，1名正常儿童和1名阅读障碍儿童的数据结果不符合标准，最后有32名被试数据进入计算。在各种实验条件下，被试报告的正确率见表6.3。

表 6.3　各种实验条件下被试报告正确率的描述性统计（$N=32$，M ± SD）

被试类型	目标刺激：负性词			目标刺激：中性词		
	重复	非重复	效应量	重复	非重复	效应量
阅读障碍儿童	0.25 ± 0.13	0.76 ± 0.08	0.50 ± 0.11	0.24 ± 0.06	0.66 ± 0.10	0.42 ± 0.10
正常儿童	0.35 ± 0.10	0.84 ± 0.11	0.49 ± 0.13	0.43 ± 0.11	0.71 ± 0.09	0.29 ± 0.11

以被试反应的正确率为因变量，对实验 5 进行 2（被试类型）×2（重复性）×2（目标情绪词类型）的混合实验设计方差分析，结果见表 6.4。

表 6.4　两组被试在各实验条件下的方差分析

差异来源	*df*	*MS*	*F*	*p*
情绪类型（负性词、中性词）	1	0.034	2.735	0.109
重复性（重复、非重复）	1	5.701	785.362	0.000
被试类型（正常儿童、阅读障碍儿童）	1	0.369	27.301	0.000
情绪类型 × 被试类型	1	0.004	0.349	0.559
重复性 × 被试类型	1	0.037	5.036	0.032
情绪类型 × 重复性	1	0.166	28.195	0.000
情绪类型 × 重复性 × 学生类型	1	0.031	5.316	0.028

数据结果显示：学生类型主效应显著，$F_{(1,30)}=27.30$，$p<0.001$，$\eta^2=0.476$，表现为阅读障碍组的正确率显著低于正常年龄组。重复性主效应显著，$F_{(1,30)}=785.36$，$p<0.001$，$\eta^2=0.963$，表现为重复条件下的正确率显著低于非重复条件，重复知盲效应显著存在。目标情绪词类型主效应不显著，$F_{(1,30)}=2.735$，$p>0.05$，这

表明目标刺激无论是负性词还是中性词对整体正确率都不产生影响。重复性和被试类型交互作用显著，$F_{(1,30)} = 5.036$，$p < 0.05$，$\eta^2 = 0.144$。情绪类型和重复性交互作用显著，$F_{(1,30)} = 28.195$，$p < 0.001$，$\eta^2 = 0.484$。情绪类型、重复性和目标刺激情绪类型交互作用显著，$F_{(1,26)} = 5.316$，$p < 0.05$，$\eta^2 = 0.151$，其简单效应结果如表6.5所示。

表6.5 被试类型、目标情绪类型、重复性的简单效应检验

被试类型	重复性	M（a1－a2）	*p*	目标类型	M（b1－b2）	*p*
正常儿童	重复	－0.083	0.037	负性词	－0.493	0.000
	非重复	0.125	0.000	中性词	－0.285	0.000
阅读障碍儿童	重复	－0.004	0.922	负性词	－0.498	0.000
	非重复	0.085	0.008	中性词	－0.416	0.000

注：M（a1－a2）＝目标刺激为负性词时正确率均值－目标刺激为中性词时正确率均值

M（b1－b2）＝目标重复正确率均值－目标非重复正确率均值

简单效应结果显示：对正常儿童而言，在重复条件下，目标刺激为负性词时的正确率显著低于目标刺激为中性词时（$p < 0.05$），在非重复条件下，目标刺激为负性词时的正确率显著大于目标刺激为中性词时的正确率（$p < 0.001$）；对阅读障碍儿童而言，重复条件下，目标刺激为负性词和中性词时的正确率差异不显著（$p > 0.05$），在非重复条件下，目标刺激为负性词时的正确率显著大于目标刺激为中性词时的正确率（$p < 0.01$）。重复性、目标刺激情绪类型、被试类型的交互作用见图6.2。

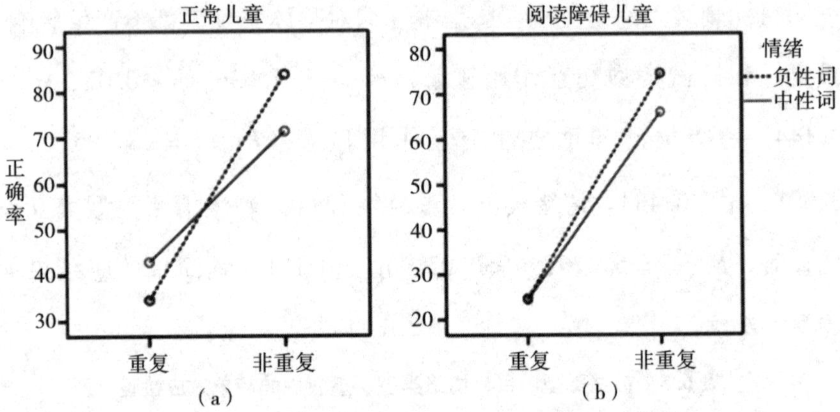

图 6.2　重复性、目标刺激情绪类型、被试类型的交互作用图

同时，为了更好地考察目标刺激情绪词类型对重复知盲效应的影响，以重复知盲效应量为因变量，进行 2（被试类型）×2（目标刺激情绪词类型）的混合设计方差分析，结果见表 6.6。

表 6.6　两组被试在不同目标情绪词上的方差分析

差异来源	*df*	*MS*	*F*	*p*
目标情绪词类型（负性词、中性词）	1	0.319	28.689	0.000
被试类型（正常儿童、阅读障碍儿童）	1	0.080	5.581	0.025
目标情绪类型×被试类型	1	0.069	6.177	0.019

数据显示：被试类型主效应显著，$F_{(1,30)} = 5.581$，$p < 0.05$，$\eta^2 = 0.157$，具体表现为阅读障碍儿童的重复知盲效应显著高于正常儿童。目标情绪词主效应显著，$F_{(1,30)} = 28.689$，$p < 0.001$，$\eta^2 = 0.489$，具体表现为目标刺激为负性词的重复知盲效应显著高于中性词。学生类型和目标情绪词类型交互效应显著，$F_{(1,30)} = 6.177$，$p < 0.05$，$\eta^2 = 0.171$，简单效应结果如表 6.7 所示。

表 6.7　目标情绪类型、被试类型重复知盲效应的简单效应检验

被试类型	差异比较（负性词、中性词）	p	目标情绪类型	差异比较（普通儿童、阅读障碍儿童）	p
正常儿童	0.207	0.000	负性词	-0.005	0.907
阅读障碍儿童	0.076	0.045	中性词	-0.136	0.001

简单效应检验结果显示，目标刺激为负性词的条件下，正常儿童和阅读障碍儿童重复知盲效应差异不显著（$p>0.05$），目标刺激为中性词条件下，阅读障碍儿童重复知盲效应显著高于正常儿童（$p<0.05$）。另一方面也表明，两组被试负性词产生的重复知盲效应都显著大于目标刺激为中性词的重复知盲效应。目标情绪词和被试类型的交互作用如图 6.3 所示：

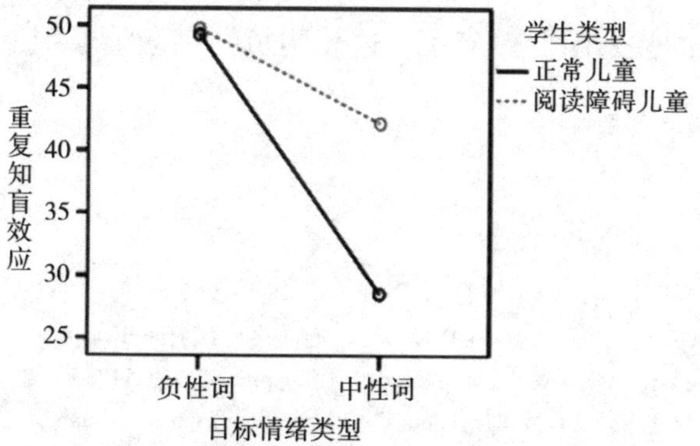

图 6.3　目标情绪词和被试类型的交互作用图

第三节 刺激语义编码对阅读障碍儿童重复知盲效应的分析讨论

情绪意义对记忆的影响已被广大学者所证实，研究表明含情绪经验信息的关联词比中性词更容易被识别①。Altarriba 等人研究发现，情绪词显示了比其他具体词或抽象词更强的记忆水平②，这表明情绪词的记忆加工过程是不同的。Eastwood 等人在研究中发现，负性刺激比正性刺激更容易被识别，表现出了特殊的加工优势③。神经机制的研究也表明，人的大脑有专门的途径来处理类似威胁性的刺激，快速视觉呈现的实验范式很好地检验了对这种威胁性信息处理的偏差④。如在对注意瞬脱现象的研究中发现了负性刺激比中性刺激产生的注意瞬脱效应小，这表明负性刺激能够引起注意偏向，

① Kousta S T, Vinson D P, Vigliocco G. Emotion words, regardless of polarity, have a processing advantage over neutral words[J]. Cognition, 2009, 112(3): 473 – 481.

② Altarriba J, Bauer L M, Benvenuto C. Concreteness, context availability, and imageability ratings and word associations for abstract, concrete, and emotion words[J]. Behavior research methods, instruments, & computers, 1999, 31(4): 578 – 602.

③ Eastwood J, Smile D, Oakman J, et al. Individuals with social phobia are biased to become aware of negative faces[J]. Visual cognition, 2005, 12(1): 159 – 179.

④ Mowszowski L, Mcdonald S, Wang D, et al. Preferential processing of threatening facial expressions using the repetition blindness paradigm[J]. Cognition & emotion, 2012, 26(7): 1238 – 1255.

使其更容易被识别①②，负性词比中性词有更高的编码效力，这种差异容易使刺激在序列中的竞争力发生改变。在此意义上，情绪词的重复知盲研究能为竞争理论提供有力的解释。实验5操控了目标刺激的不同情绪类型，旨在考察刺激不同的语义编码对重复知盲的影响，进而揭示阅读障碍儿童在语义加工方面的特点。

一、目标情绪词对重复知盲效应的影响

实验5的结果显示：重复性主效应显著，无论目标刺激是负性词还是中性词，两组被试非重复条件下的正确率都显著大于重复条件下的正确率，表明两组被试都产生了情绪词的重复知盲；情绪词主效应显著，目标刺激为负性词时所产生的重复知盲效应大于中性词，不同类型的目标情绪词对重复知盲产生了不同的影响；被试类型主效应显著，阅读障碍儿童的重复知盲效应大于正常儿童，主要体现在非重复条件下阅读障碍儿童对情绪词的识别率显著低于正常儿童，这也反映了阅读障碍儿童存在语义加工的缺陷。

实验5的结果显示：重复性主效应显著，两组儿童在非重复条件下两类目标情绪词的正确率都显著高于重复条件下的正确率，这表明无论目标刺激是负性词还是中性词都产生了重复知盲效应；目标刺激情绪词类型主效应显著，目标刺激为负性词时产生的重复知

① Anderson A K. Affective influences on the attentional dynamics supporting awareness [J]. Journal of experimental psychology: general, 2005, 134(2): 258.

② 段海军. 面孔认知加工中的注意瞬脱效应：基于表情和熟悉性的考察[D]. 博士学位论文，西安：陕西师范大学，2011.

盲效应量显著大于中性词。研究表明不同的情绪词效价会对重复知盲产生不同的影响①，情绪词与中性词相比，具有特殊的加工优势②，这是因为负性词的效价显著低于中性词，对比中性词具有更强的编码效力。个体在进行视觉快速搜索时，在注意资源有限的条件下，负性词具有相对加工优势，更容易捕获注意，容易被个体识别。同样负性刺激的加工优势也体现在面孔加工中，研究发现负性面孔比正性面孔更容易被个体识别③，在视觉搜索任务中，情绪面孔会比中性面孔更能捕获注意资源④，负性情绪面孔表现出了更强的重复知盲效应⑤。以上研究均表明语义编码大的刺激能引起更大的重复知盲效应，但 Arnell 等人在对自己名字条件下的重复知盲研究中发现，重复自己名字条件下的重复知盲效应比重复其他名字的重复知盲效应要小很多，他们认为这一结果的出现是因为自己的名字能引起更多与自己相关的情景加工，深刻的情景加工使个体在记

---

① Kazanas S A, Altarriba J. The automatic activation of emotion and emotion - laden words:evidence from a masked and unmasked priming paradigm[J]. The American journal of psychology,2015,128(3):323 - 336.

② Kousta S T,Vinson D P,Vigliocco G. Emotion words,regardless of polarity,have a processing advantage over neutral words[J]. Cognition,2009,112(3):473 - 481.

③ Eastwood J,Smile D,Oakman J,et al. Individuals with social phobia are biased to become aware of negative faces[J]. Visual cognition,2005,12(1):159 - 179.

④ Williams M,Moss S,Bradshaw J,et al. Look at me,I'm smiling:visual search for threatening and nonthreatening facial expressions[J]. Visual cognition,2005,12(1):29 - 50.

⑤ Yamaoka K,Umeda S. Enhanced repetition blindness with angry emotional faces[J]. Psychologia,2012,55(3):161 - 170.

忆提取阶段对重复刺激有更好的区分①。

实验5的结果同时显示，目标刺激情绪类型、重复性及被试类型存在交互作用。对正常儿童而言，重复条件下的负性词正确率显著低于中性词，在非重复条件下负性词的正确率显著高于中性词，这与已有的情绪词重复知盲研究结论一致。Silvert、Neveteur 等人发现，在重复条件下，情绪词的报告正确率比中性词低，在非重复条件下的正确率比中性词高②。Chun 在研究中也发现了情绪词在非重复条件下会产生更高的正确率③。Knickerbocker 和 Altarriba 使用字符串为填充刺激也得出了同样的结论④。在重复条件下负性词由于具有更强的编码力，所以比中性词产生了更长的表征不应期，导致被试对后续重复刺激识别失败，正确率较低。在非重复条件中，负性词同样发挥了加工优势，因此比中性词的正确率高。对阅读障碍儿童而言，在非重复条件下，负性词的正确率比中性词高，这表明负性词对阅读障碍儿童而言也有一定的加工优势，但这种优势在重复条件下并没有得到体现。结果显示，阅读障碍儿童在重复条件下负性词和中性词的正确率没有显著差异，这表明阅读障碍儿童同时存

---

① Arnell K M, Shapiro K L, Sorensen R E. Reduced repetition blindness for one's own name[J]. Visual cognition, 1999, 6(6): 609 – 635.

② Silvert L, Naveteur J, Honore J, et al. Emotional stimuli in rapid serial visual presentation[J]. Visual cognition, 2004, 11(4): 433 – 460.

③ Chun M M. Types and tokens in visual processing: a double dissociation between the attentional blink and repetition blindness[J]. Journal of experimental psychology: human perception and performance, 1997, 23(3): 738 – 755.

④ Knickerbocker H, Altarriba J. Differential repetition blindness with emotion and emotion – laden word types[J]. Visual cognition, 2013, 21(5): 599 – 627.

在语义加工的不足，他们不能像正常儿童一样对情绪词进行有效加工。

汉字具有表意特征，语义在汉字识别及阅读加工中有特别重要的作用①，在阅读过程中，字词的音、形、义三者只有密切结合才能保证阅读的流畅性和通达。阅读障碍儿童除在语音、正字法等方面存在缺陷外，在语义加工过程中也表现出了明显的不足。吴思娜等人在语义相关判断任务中发现，阅读障碍儿童存在语义通达的缺陷，这表明他们在语义表征上比正常儿童落后②。宋然然在研究中发现阅读障碍儿童同时存在语音及语义分析的落后，他们在形—义及形—音—义两条通道上都存在加工缺陷③。邹艳春（2003）在研究中通过单词意义识别任务发现，阅读障碍儿童在信息加工中存在明显的语义加工困难④。这些研究都充分表明了阅读障碍儿童在利用语义线索进行刺激识别时表现出了一定的落后，特别是在时间及注意资源有限的条件下，这种差异更加明显。目标情绪词类型对阅读障碍儿童重复知盲的影响和已取得的阅读障碍儿童存在语义加工缺陷的研究结论相吻合。

---

① 薛锦，陆建平，杨剑锋，等. 规则性、语音意识、语义对汉语阅读障碍者阅读的影响[J]. 中国特殊教育，2008(11)：44－49.

② 吴思娜，舒华，王彧. 4～6年级小学生发展性阅读障碍的异质性研究[J]. 心理发展与教育，2004，20(3)：46－50.

③ 宋然然. 儿童阅读障碍的发生机制研究[D]. 博士学位论文，武汉：华中科技大学，2006.

④ 邹艳春. 汉语学生发展性阅读障碍的信息加工特点研究[D]. 博士学位论文，广州：华南师范大学，2003.

二、两组被试重复知盲效应的差异比较

实验5的结果显示，被试类型主效应显著，阅读障碍儿童的重复知盲效应总体上大于正常儿童，这和本研究前面四个实验的结果一致，表明阅读障碍儿童在语义水平上产生的重复知盲同样大于正常儿童。同时，被试类型和目标情绪词的交互效应显著，这表明目标情绪词对正常儿童和阅读障碍儿童的影响是不一样的。简单效应检验发现，正常儿童和阅读障碍儿童在目标词为负性词时的重复知盲效应差异不显著，在中性词上的重复知盲效应差异显著。当目标词为负性词时，两种重复条件下正常儿童的正确率都比阅读障碍儿童高，但差异不显著，此结果表明负性词条件下两组被试重复知盲效应的差异不明显，这主要由于负性词引起了正常儿童较大的重复知盲效应，缩小了与阅读障碍儿童之间的差距。从交互效应直观图上看，阅读障碍儿童语义加工缺陷所导致的负性词与中性词重复知盲效应的差异没有正常儿童大，但由于负性词具有较强的编码力，在目标词为中性词的序列中容易被识别，所以两组被试并没有表现出重复知盲效应的差异。当目标词为中性词时，阅读障碍儿童和正常儿童在非重复条件下的正确率没有显著差异，但重复条件下正常儿童的正确率显著大于阅读障碍儿童，阅读障碍儿童的重复知盲效应显著大于正常儿童。根据竞争假设，重复刺激要在序列中被正确辨识，个体的注意及抑制水平是重要的影响因素。实验3及实验4和结果已表明阅读障碍儿童存在注意及抑制缺陷，这能很好地解释实验5出现的这一结果。另外，结合交互作用均值直观图可以看出，

目标情绪词对正常儿童重复知盲产生的影响较大，而对阅读障碍儿童重复知盲效应产生的影响较小。因此，笔者认为除了注意和抑制的缺陷外，语义加工不充分也是一个重要的影响因素。有关神经机制的研究表明阅读障碍儿童存在记忆编码及记忆提取的缺陷，这与他们脑内侧前额叶的灰质与白质体积的减少以及右侧海马旁回灰质体积的减少都有显著的关系①，这一研究结果为阅读障碍儿童存在语义加工缺陷提供了有力依据。

有研究发现成年晚期个体的负性词及中性词导致的重复知盲效应显著大于成年早期个体②，结合实验5的结果可见，语义编码对个体重复知盲的影响不受年龄的影响，与个体的认知加工特征等有更密切的相关。

以上实验表明：

不同的语义编码效力影响重复知盲，重复知盲可以发生在记忆水平上。

对两组被试而言，负性词引起的重复知盲效应显著高于中性词引起的重复知盲效应。当目标词为负性词时正常儿童和阅读障碍儿童的重复知盲效应差异不显著，当目标词为中性词时阅读障碍儿童的重复知盲效应大于正常儿童。

阅读障碍儿童在重复知盲中存在语义加工的缺陷。

---

① Price C J. A review and synthesis of the first 20 years of PET and fMRI studies of heard speech, spoken language and reading[J]. Neuroimage, 2012, 62(2): 816 - 847.

② Binder J R, Desai R H, Graves W W, et al. Where is the semantic system? A critical review and meta - analysis of 120 functional neuroimaging studies[J]. Cerebral cortex, 2009, 19(12): 2767 - 2796.

第七章　阅读障碍儿童重复知盲效应的特征及展望

艾宾浩斯早在1885年就提出，认知的发展依赖于重复，重复刺激能够带来更好的记忆。在以后的研究中，学者们发现了它更好的准确率和更快的反应时，支持了此观点①②。因此，在快速视觉系列呈现中，学者们原认为重复刺激会带来明显的启动效应，但有趣的是重复刺激的识别率不但没有提升，反而出现了明显的下降趋势，Kanwisher将此现象正式命名为重复知盲，这引发了学者们极大的兴趣。虽然重复知盲的产生依赖于特定的时间条件，但它反映了个体认知加工的有限性。目前尚未发现对阅读障碍儿童重复知盲的研究，本书从现象出发对阅读障碍儿童重复知盲的发生条件、特征及产生

① Haber R N, Hershenson M. Effects of repeated brief exposures on the growth of a percept[J]. Journal of experimental psychology, 1965, 69(1): 40 – 46.

② Bertelson, Paul. S – R relationships and reaction times to new versus repeated signals in a serial task[J]. Journal of experimental psychology, 1963, 65(5): 478 – 484.

机制进行了探讨，这为重复知盲的理论影响机制研究及阅读障碍儿童的干预提供了更多的支持。

第一节　阅读障碍儿童重复知盲的特征和发生机制

阅读障碍是一种表现在语言上的特殊学习障碍，主要表现为拥有正常的智力和教育条件，且不存在视觉、听觉、神经系统等方面的障碍，却在阅读测验中比同龄正常读者低约两个年级的水平①。它对个体的认知发展、情绪情感、自我意识及社会性发展等方面都产生了深远影响。究其原因，非语言的认知影响因素越来越被关注，阅读障碍儿童在知觉、记忆、注意等方面存在的差异使他们在众多的心理现象中表现出了与正常儿童的显著差异。

目前，重复知盲发生的普遍性已被很多研究证实，关于它的发生机制还存在许多方面的争议。本书在前人研究的基础上，针对阅读障碍儿童这一特殊群体，通过与正常儿童的对比开展了系列行为实验，对阅读障碍儿童的重复知盲现象特征及发生机制进行了深入的探讨。

一、阅读障碍儿童重复知盲的现象特征分析

重复知盲在各类刺激中普遍存在，迄今为止还没有发现无重复

① 孟祥芝，周晓林．发展性阅读障碍的生理基础[J]．心理科学进展，2002，10(1)：7-10.

知盲者的报道，这不同于已发现的无注意瞬脱者的现象，在一定程度上反映了重复知盲是一种基本的认知加工缺陷，但目前还没发现针对阅读障碍儿童的重复知盲研究。本书中的实验1主要验证阅读障碍儿童是否存在重复知盲这一现象，实验结果表明，阅读障碍儿童和正常儿童一样存在重复知盲现象，这为重复知盲存在的普遍性增加了年龄方面的支持。更为有意义的是，笔者通过和正常儿童的对比总结了阅读障碍儿童重复知盲的基本特征。首先，两组被试表现出了在重复知盲发生过程中的共性，时间因素是重复知盲产生的必要条件，且重复知盲效应都随着刺激呈现时间及目标刺激时间间隔的增大而呈现下降趋势。不同的是在相同的实验条件下，阅读障碍儿童的重复知盲效应量大于正常儿童，这一结果在后续的实验中也有了不同的验证，部分实验结果显示阅读障碍儿童与正常儿童的重复知盲效应差异不显著，这是在控制了时间变量的条件下，其他变量对两组被试重复知盲的影响力不同导致的。

另外，和以往的研究结果相同，阅读障碍儿童重复知盲的产生依赖于一定的时间窗口，不同的是重复知盲发生的刺激呈现时间要比正常儿童晚，其持续的时间也比正常儿童长，反映了阅读障碍儿童有更大的认知加工缺陷。在此前的研究中，关于时间对重复知盲的影响，大多从个体标记化理论和类型节点不应期理论进行解释，刺激呈现时间或者时间间隔的增长，使个体对重复刺激R1的加工时间变长，导致其来不及对R2进行加工，认为重复知盲发生在知觉加工阶段。可以对此进行解释的其实还有竞争假设，刺激呈现时间及时间间隔的增长加大了重复刺激R1的编码效力，R1对R2形成了更强的前向掩蔽，从而导致 R2 在刺激序列中处于劣势。以上关于阅读障碍儿童重复知盲现象及其特征的结论为探讨重复知盲的发生机制奠定了基础。

二、阅读障碍儿童重复知盲的发生机制

目前，关于儿童阅读障碍成因的研究日趋成熟。对这一问题的研究，对于优化阅读障碍儿童的干预训练方案有重大的意义。研究表明，除语言学方面的缺陷外，阅读障碍儿童还存在视知觉加工、记忆、注意等方面的认知缺陷，重复知盲的产生是否受到这些因素的影响是一个值得探讨的问题。

（一）阅读障碍儿童重复知盲的发生阶段

目前，重复知盲的发生机制中一个重要的争议是围绕它的发生阶段展开的，研究者对此展开了论证。有两种观点：知觉的在线加工失败观点认为，个体没有对重复刺激进行良好的知觉加工，在序列中完全没有看见第二个重复刺激。记忆的离线失败观点认为，个体对重复刺激进行了知觉加工，但在记忆提取的过程中失败了。本书中的实验 2 通过操控目标刺激的不同序列位置，探究了其对重复知盲的影响，表明阅读障碍儿童的重复知盲是知觉和记忆共同作用的结果，阅读障碍儿童的重复知盲既可以发生在知觉阶段也可以发生在记忆阶段。后续实验 3 至实验 5 的结果也分别表明重复知盲可以发生在知觉水平和记忆水平，这和重复知盲的竞争假设理论相符。同时，这也和前面研究综述中阅读障碍儿童存在明显的知觉和记忆

缺陷观点一致。

知觉加工的缺陷，为重复知盲的发生提供了一种强有力的解释。阅读障碍儿童的“知觉障碍”理论发展至今天已相对成熟，它对传统的“语音障碍”理论进行了有力的补充，它认为阅读障碍儿童存在非语言的基本认知加工缺陷。视觉层面的知觉加工缺陷，主要和巨细胞通路障碍有关，除此之外，他们还存在听觉知觉及时间知觉加工的缺陷。有研究表明通过一系列的知觉训练（如控制眼动等）可以显著地提高他们的阅读能力①，这表明知觉加工缺陷明显制约了阅读技能的发展。同时，对记忆提取的失败是对重复知盲发生的另一有力解释，大量的研究发现阅读障碍儿童也存在明显的记忆缺陷。如刘翔平等人使用 on-line 方法发现，阅读障碍儿童在视觉工作记忆方面落后于正常儿童②，通过工作记忆的相关训练，阅读障碍儿童的阅读技能也得到了改善③。因此，对阅读障碍儿童的知觉及记忆的干预训练是十分有必要的。本书中的阅读障碍儿童重复知盲的发生阶段结论为阅读障碍儿童知觉及记忆的干预提供了又一理论支持，同时发现竞争假设理论能更好地解释阅读障碍重复知盲的发生。

---

① Stein J F, Richardson A J, Fowler M S. Monocular occlusion can improve binocular control and reading in dyslexic[J]. Brain, 2000, 123(1):164 – 170.

② 刘翔平，刘希庆，徐先金. 阅读障碍儿童视觉记忆研究[J]. 中国临床心理学杂志，2004，12(3):246 – 249.

③ 骆艳. 汉语发展型阅读障碍儿童工作记忆研究及干预效果评价[D]. 博士学位论文，武汉：华中科技大学，2012.

（二）阅读障碍儿童重复知盲效应的影响因素

竞争假设理论的核心在于，其认为重复刺激在序列中的竞争失败导致了重复知盲的发生。这种竞争不仅在重复的两个刺激间发生，也在非目标刺激和目标刺激间发生，其中刺激具有的编码效力是影响竞争是否能取胜的关键因素。在以往的研究中，Morris 等人对数据进行了计算机模拟，解释了刺激编码效力对重复知盲的影响，但没有操控刺激编码效力这一自变量进行具体实验①。冷英等人则只通过改变刺激的性质操控了编码效力，考察了刺激编码力对竞争的影响②。众所周知，知觉编码和语义编码都是刺激表征的重要方面，只从某一方面的编码力解释其对重复知盲的影响是远远不够的。

因此，本书在前人的研究基础上围绕重复知盲的发生过程设计了三个实验，分别以刺激的物理属性编码、类别属性编码及语义编码作为切入点，考察了个体的注意、抑制及语义加工水平对重复知盲的影响。实验 3 通过改变刺激的物理属性编码，分析了个体被动分配注意资源对重复知盲的影响。实验结果表明，目标刺激与非目标刺激颜色一致性与目标刺激间颜色一致性均能影响重复知盲，阅读障碍儿童的被动分配注意资源的能力比正常儿童差。实验 4 通过改变刺激的类别属性编码，分析了抑制能力对重复知盲的影响。结果发现在知觉加工中阅读障碍儿童与正常儿童相比，存在抑制水平

① Morris A L, Still M L, Caldwell - Harris C L. Repetition blindness: an emergent property of inter - item competition[J]. Cognitive psychology, 2009, 58(3): 338 - 375.

② 冷英，邹煜晖，莫雷. 刺激的编码效力对重复知盲的影响[J]. 心理学报，2014，46(5)：593 - 606.

的明显落后，并且发现阅读障碍儿童对非目标的抑制缺陷在知觉加工的基础阶段就存在，而正常儿童对非目标的抑制缺陷则发生在知觉加工的高级阶段。实验3和实验4考察的都是知觉编码效力对重复知盲的影响，实验5通过改变刺激的语义编码考察语义加工对重复知盲的影响。结果表明，阅读障碍儿童重复知盲受语义加工的影响，与正常儿童相比，他们存在明显的语义加工缺陷，此结果同时表明阅读障碍儿童的重复知盲可以发生在记忆水平上。以上三个实验通过操控刺激不同的编码效力分别从注意、抑制及语义表征三个角度分析了它们对重复知盲的影响，同时验证了竞争假设理论，比较系统地考察了阅读障碍儿童的认知缺陷在重复知盲中的发生过程。

1. 注意缺陷对阅读障碍儿童重复知盲效应的影响

注意是影响认知加工的重要因素，阅读障碍儿童与正常儿童相比，存在明显的注意缺陷。这种缺陷体现在注意的不同特性上，如注意的转换、注意的选择及注意的分配等。注意对重复知盲的作用在不同的发生理论中都有体现，最早在Kanwisher的研究中，他通过不同的实验任务发现被试在报告重复尾词时重复知盲消失。冷英将以上结果解释为个体为争取最佳的报告成绩会主动地分配有限的注意资源，在此理论基础上通过系列实验提出了“注意资源最优化假设”，此理论更加强调个体在记忆提取阶段的主动注意资源分配特点，但对于知觉加工中由于目标刺激本身需要消耗注意资源所反映的个体被动分配注意资源的情况尚未提及。个体的自动注意分配能力通常与刺激的特异性紧密相关，本书中的实验3通过操控目标刺激不同的颜色，从注意的角度分析了其对重复知盲的影响，结果显示，个体由于刺激本身特性引起的自动注意资源分配影响着重复知盲效应的大小，且阅读障碍儿童在此方面与正常儿童相比存在明显缺陷。

2. 抑制缺陷对阅读障碍儿童重复知盲效应的影响

抑制是影响注意过程的重要因素，主动抑制无关的分心信息是一种普遍的认知控制形式①，个体抑制能力的不同反映了个体注意资源的差异②。实验3的结果表明阅读障碍儿童存在注意资源不足及注意资源分配的缺陷，实验4则考察了阅读障碍儿童的抑制控制能力。目前个体标记化理论、类型节点不应期理论、潜在提取模型及竞争假设理论都认为对重复刺激的抑制不足，或者说是对重复刺激的激活程度不够导致了重复知盲的发生。实验3b其实除了分析注意的问题外，也可以从抑制的角度进行分析，在排除了非目标刺激的干扰下，当目标刺激R1红、R2黑及R1黑、R2红时，阅读障碍儿童都发生了重复知盲；正常儿童只在R1为红色时产生了重复知盲，这表明在对R1进行个体化时都产生了对R2的抑制，只是正常儿童和阅读障碍儿童对重复刺激抑制的程度不一样而已。实验4通过探究不同类别刺激的编码力对重复知盲的影响，更加有力地考察了抑制的作用。竞争假设强调，目标刺激要想在序列竞争中获胜，对非目标的抑制是一个重要的因素，而刺激类别的不同能更好地反映个

① Li L, Neumann E, Chen Z. Identity and semantic negative priming in rapid serial visual presentation streams[J]. Attention, perception, & psychophysics, 2017, 79(6): 1755 – 1776.

② Chiappe P, Siegel L S, Hasher L. Working memory, inhibitory control, and reading disability[J]. Memory & cognition, 2000, 28(1): 8 – 17.

体的抑制能力。

实验4a的结果显示，在重复条件下，目标刺激不管是数字还是符号，阅读障碍儿童对重复刺激识别的正确率都小于正常儿童。根据实验3结果，在控制非目标干扰的情况下，受注意资源分配的影响，阅读障碍儿童对目标刺激的激活水平低于正常儿童，这表明当加工同一刺激时，正常儿童对该刺激的编码能力大于阅读障碍儿童。根据这一结果，在有非目标刺激的序列中，阅读障碍儿童对重复刺激R2所形成的前向掩蔽作用应该比正常儿童小，所得的正确率应该高，这与实验4a的结果相矛盾，这归结于阅读障碍儿童对非目标刺激的抑制能力明显落后于正常儿童。实验4b在实验4a的基础上通过设置数字和无意义符号两种不同的非目标刺激来考察其对重复知盲的影响，进一步验证了抑制缺陷在知觉加工中的发生阶段。结果发现，阅读障碍儿童在两种非目标刺激条件下所引起的重复知盲差异不显著，正常儿童在非目标刺激为数字条件下的重复知盲效应显著大于阅读障碍儿童。这表明阅读障碍儿童对非目标刺激的抑制缺陷发生在知觉加工的基础阶段，而正常儿童对非目标词的抑制缺陷表现在知觉加工过程中意义识别的高级阶段。此结果同时表明，在重复知盲发生过程中，阅读障碍儿童对非目标的抑制能力比正常儿童差。

3. 语义加工缺陷对阅读障碍儿童重复知盲效应的影响

重复知盲反映了个体的认知加工局限，比较不同群体重复知盲效应量的大小能较好地区分被试的认知差异。实验3和实验4分别从注意及抑制水平角度分析了阅读障碍儿童存在明显的认知缺陷。

在语义水平上，阅读障碍儿童的重复知盲表现也是个值得探讨的问题。情绪词根据意义通常被分为负性词、中性词及正性词，研究表明，负性词及正性词有更好的加工优势，加工速度更快并且准确率更高①。它们在阅读障碍儿童的重复知盲中是否也能体现出相同的加工优势呢？为研究这一问题，实验 5 主要探讨了情绪词对阅读障碍儿童重复知盲的影响。结果发现，情绪词的不同对正常儿童和阅读障碍儿童都产生了影响，负性词产生的重复知盲效应大于中性词。同时笔者还发现，在重复条件下，目标刺激负性词和中性词正确率的差异在两组被试中结果出现了差异。其中正常儿童负性词和中性词的正确率差异显著，而阅读障碍儿童负性词和中性词的正确率差异不显著。这表明阅读障碍儿童对情绪词存在语义加工不足的问题。有研究表明，阅读障碍儿童的语义加工缺陷比正字法及语音缺陷更加突出②，阅读障碍儿童情绪词在重复知盲中的表现和此观点一致。

通过考察重复知盲发生过程的三个实验，我们发现，实验 3 和实验 4 是从阅读障碍儿童非语言认知方面的缺陷进行分析的，而实验 5 是从语言学语义方面的缺陷进行分析的。重复知盲受语义水平的影响，这也表明阅读障碍儿童重复知盲可以发生在记忆阶段，和实验 2 的结果吻合。

基于以上分析，笔者发现竞争假设理论更加符合阅读障碍儿童

---

① 王振宏，姚昭. 情绪名词的具体性效应：来自 ERP 的证据［J］. 心理学报，2012，44（2）：154－165.

② 邹艳春. 汉语学生发展性阅读障碍的信息加工特点研究［D］. 博士学位论文，广州：华南师范大学. 2003.

重复知盲的发生，刺激本身的编码效力大小不是影响竞争力的唯一因素，个体的内在认知加工特点是影响重复知盲的更为本质的因素。这与 Burt 等人的研究结论有相似之处，他们认为刺激的频率不是刺激本身特性对竞争的影响，其内在发生机制需要未来进一步的研究①。

第二节　创新、意义、局限及展望

一、创新之处

重复知盲自 1987 年被 Kanwisher 提出以来，引发了众多学者的研究兴趣，并取得了较显著的成果。笔者在前人研究的基础上以阅读障碍儿童为被试，围绕重复知盲的现象特征及发生机制展开了研究，取得了一定的成果。主要特色及创新之处有以下四点：

第一，在实验被试方面。笔者首创重复知盲以阅读障碍儿童为被试的先河。在重复知盲以往研究中，被试大多以成人为主，在特殊群体被试中则主要以脑损伤患者为主，本书的研究结果表明阅读障碍儿童和正常儿童一样能产生重复知盲。另外，以往考察阅读障碍儿童快速信息加工的认知特点，主要通过注意瞬脱、重复启动等

① Burt J S, Jolley J. Repetition blindness in priming in perceptual identification: competitive effects of a word intervening between prime and target[J]. Memory & cognition, 2017, 45(7): 1171－1181.

现象，对重复知盲的研究非常薄弱。本书采用经典的 RSVP 实验范式，进行了一系列行为实验，并将阅读障碍儿童的实验结果和正常儿童进行对比，丰富了重复知盲效应在特殊群体中的应用。

第二，在实验材料方面。笔者改变了国内重复知盲研究主要以汉语文字为材料的现状。对阅读障碍儿童这一特殊群体而言，非文字的实验材料能避免语言学因素的影响，对阅读障碍儿童的非语言认知加工特点的深入探讨更加科学，而有关语言方面的认知加工特点则需要以文字作为实验材料。本书中的实验服务于实验目的，分别采用了数字、字母、符号、汉字及情绪词等不同类别的实验材料，较全面地解释了阅读障碍儿童重复知盲的发生。

第三，在实验设计方面。笔者验证了阅读障碍儿童是否有重复知盲现象，然后针对重复知盲的发生机制，围绕其发生阶段及影响因素的发生过程两个方面展开实验研究，两者相辅相成，验证了阅读障碍儿童重复知盲的发生更加符合竞争假设理论。以往的研究往往仅从认知因素中的一个方面或一个角度分析其对重复知盲的影响，而本书巧妙地进行了实验设计，较为全面、系统地阐述了阅读障碍儿童认知缺陷对重复知盲的影响。在论证阅读障碍儿童重复知盲的发生阶段时，表明阅读障碍儿童存在知觉、记忆缺陷；在讨论阅读障碍儿童重复知盲的影响因素发生过程时，表明阅读障碍儿童存在注意、抑制及语义的加工缺陷。其影响因素既包括了非语言的认知缺陷，又包括了语言学的语义加工缺陷，具有一定的创新性。

第四，在实验结果方面。笔者中的实验结果在一定程度上丰富了竞争假设理论的影响因素研究，具有一定的创新性。实验 3 的结果表明，个体自动分配注意资源水平对重复知盲产生了影响，而以往的研究在分析注意对重复知盲的影响时，大都从个体主动分配注意资源的角度进行。另外，以往有关重复知盲的研究并没有对抑制的作用进行深入探讨。实验4的结果不仅表明阅读障碍儿童与正常儿童相比存在更大的抑制缺陷，并且分析了两组被试在重复知盲中对非目标的抑制缺陷产生于知觉加工的不同阶段，区分了不同个体的认知加工特点。此外，结合重复知盲发生过程的实验结果，笔者认为在竞争假设的理论框架下，刺激的编码力不是唯一影响序列中刺激竞争力的关键因素，个体的认知加工等特点才是更为本质的原因。

二、意义

本书在前人研究的基础上，对阅读障碍儿童的重复知盲效应进行了系列研究，在内容上虽然偏向基础理论的研究，但任何的干预指导在实践前必须经过严谨的理论验证，特别是针对阅读障碍儿童这一特殊群体，理论的假设及验证对其未来的诊断、干预都有非常重要的意义。结合本书的研究成果，具体意义主要体现在以下两个方面：

（一）理论意义

一方面，本研究对阅读障碍儿童重复知盲现象特征及发生机制的研究，为特殊人群重复知盲的理论研究提供了支持，通过和正常儿童的对比，为阅读障碍儿童的认知缺陷提供了实证性的依据。另一方面，有关实验结果对重复知盲的发生机制竞争假设理论提供了更加深化的解释。具体表现为，在重复知盲的发生过程中，从个体自动分配注意资源的角度增添了注意对重复知盲影响的研究，改变了竞争理论大都从个体主动分配注意资源的角度进行论证的现状。本书还深入探讨了抑制在竞争中的具体作用，并探索了抑制缺陷在知觉加工中可能发生的阶段，这些结果都为对竞争假设的解释提供了更好的依据。

此外，结合本书的研究结果还可以把阅读障碍的重复知盲和其他相关的认知现象结合在一起进行研究，如比较阅读障碍儿童重复知盲和注意瞬脱的差异，或者把重复知盲和一些记忆现象如然氏伯格效应进行对比等，在拓展阅读障碍儿童重复知盲研究的同时，也为其他的认知现象提供了数据支持。

（二）实践意义

除理论意义外，本书成果间接地为阅读障碍儿童的教育干预提供了支持。针对阅读障碍儿童在竞争过程中表现出的认知加工缺陷，教师在重视阅读障碍儿童存在的语言缺陷的同时，要把改进非语言的认知缺陷放在同等重要的位置，积极采取一系列训练方法，全面提升阅读障碍儿童的认知水平，如注意力训练及抗干扰训练等。另外，书中不同编码效力对重复知盲影响的研究成果，为降低阅读障碍儿童在快速阅读过程中的错误率提供了可能。例如，凸显关键重复字或相近字的颜色能更好地捕获阅读障碍儿童的注意资源，可以在一定程度上改善其认错字及漏字的情况。同时，可以从研究结果推论出阅读障碍儿童可能在包含突出的关键词的篇章中，并没有表现出最理想的效能；但如果在整体阅读后，再单独呈现突出的关键词，则有可能帮助他们提升辨识能力。

三、局限及展望

笔者的研究虽取得了一些成果，在研究过程中对实验设计等众环节力求更加严格和完美，但由于受多方面因素的制约，仍存在一定不足，需要在未来的研究中继续跟进。

关于被试。本书中的被试样本量较小，没有对阅读障碍儿童进行亚型分类，同时，受限于被试的年龄，在预实验中发现采取全部报告任务法会出现地板效应。因此，本书中的实验全部采用了探测任务，被试的反应结果在一定程度上受到了影响，研究结论也因此存在一定的局限性。在未来研究中应适当增加阅读障碍儿童的年龄跨度，并且分亚型对本书的研究结论进行进一步讨论。

关于实验设计。由于影响重复知盲的因素众多，为避免实验中变量过多，本书中的实验采取了和前人一致的方法，除实验 1 外，其他实验均控制了刺激呈现时间及目标刺激间隔这两个变量，但其实这两个时间变量与其他影响因素的相互作用也是重复知盲的重要研究内容，在未来研究中希望能对此进行更深入的探讨。

关于研究技术。基于各方面条件的限制，笔者只进行了系列的行为实验，未能对阅读障碍儿童进行认知神经机制的实验，未来的研究中希望能创造条件增加神经机制方面的研究，为重复知盲的发生机制提供更加科学的依据。

本书从视觉层面探讨了阅读障碍儿童的重复知盲，然而有研究发现在听觉通道也存在重复知盲①。因此，在未来的研究中，可以继续探讨阅读障碍儿童听觉通道的重复知盲。另外，基于目前注意瞬脱和重复知盲的关系研究，未来可比较阅读障碍儿童和正常儿童在两者上的差异，为阅读障碍儿童实践的干预提供功能更加科学的理论依据。

① Soto – Faraco S, Spence C. Spatial modulation of repetition blindness and repetition deafness[J]. Q J exp psychol A,2001,54(4):1181 – 1202.